MÉTHODE

DE

MUSIQUE VOCALE

BASÉE

UR DE NOUVEAUX PROCÉDÉS

D'INTONATION — DE MESURE

ET D'ÉCRITURE SOUS LA DICTÉE

PAR

Hipp. DESSIRIER

Prix net : 6 fr.

1867

A PARIS

CHEZ L'AUTEUR, 9, RUE DE PROVENCE

Nos lecteurs voudront bien ne pas confondre l'emploi de nos signes avec l'usage que Mʳ Ed. Jue fait de ses caractères monogammiques.

Il suffit de voir ce que dit cet auteur dans son ouvrage intitulé: La musique apprise sans maître, page 30, deuxième édition. Nous citons textuellement. « Demande. — A quoi servent les signes monogammiques? Réponse. — A faciliter l'étude de la portée. Ils remplacent les mots de la gamme écrits en toutes lettres ».

Telle est l'utilité principale que Mʳ Jue pense tirer de son invention. Et c'est sans doute pour mieux atteindre ce but, que dans tous les morceaux de sa méthode où il y a des changements de tons, les signes restent constamment les mêmes : *ils ne modulent pas!* Voir les morceaux page 144, 147, etc. Une telle manière d'écrire est absolument incompatible avec nos procédés d'enseignement.

Nous voulons ici, et avant tout, remercier nos gracieux collaborateurs: Messieurs Anschutz, Besozzi, prix de Rome, Demersemann, Paris, prix de Rome, Poëncet, Henri, Simiot, Johannès Wéber, pour les excellents exercices dont ils ont bien voulu enrichir notre ouvrage.

PARIS,
Imprimerie Arouy, rue Rochechouart, 84.

HIPP. DESSIRIER.

MÉTHODE DE MUSIQUE VOCALE.

Sept couleurs, sept sons.

La tonalité est la seule et unique trame à laquelle viennent se renouer aisément tous les fils du tissu harmonique et mélodique. (Page 13).

INTRODUCTION.

BASE NOUVELLE

SUR LAQUELLE NOUS AVONS FONDÉ L'ÉTUDE DE L'INTONATION.

1. «La peinture et la musique sont sœurs.» Rien n'est plus vrai. Parmi toutes les preuves qu'on en peut donner, nous choisirons celles qui nous sont fournies par les rapports analogiques entre les éléments constitutifs de ces deux arts. Nous pensons que ces comparaisons ne seront pas inutiles comme préparation à l'étude des éléments si abstraits de l'art musical.

a. Les éléments *radicaux* qui constituent la peinture sont au nombre de deux, savoir: le *coloris* (ton, couleur) et le *dessin* (forme).

a. Les éléments *radicaux* qui constituent la musique sont aussi au nombre de deux, savoir: l'*intonation* (ton) et le *rhythme* (durée, mesure).

b. La *gamme* des couleurs (arc-en-ciel, spectre solaire) est composée de sept couleurs, savoir:

b. La *gamme* des sons est composée de sept sons, savoir:

I	2	III	4	V	6	7
ROUGE	*orangé*	JAUNE	*vert*	BLEU	*indigo*	*violet*

I	2	III	4	V	6	7
DO	*ré*	MI	*fa*	SOL	*la*	*si*

c. Il y a une couleur particulièrement *saillante*: c'est le ROUGE, première des sept couleurs.

c. Il y a un son particulièrement *saillant*: c'est le DO, premier des sept sons.

d. Les trois couleurs I, III, V (ROUGE, JAUNE, BLEU), sont les couleurs *primordiales*.

d. Les trois sons I, III, V (DO, MI, SOL), sont les sons *primordiaux*.

e. Les quatre couleurs 2, 4, 6, 7 (*orangé, vert, indigo, violet*), sont les couleurs *secondaires*.

e. Les quatre sons 2, 4, 6, 7 (*ré, fa, la, si*), sont les sons *secondaires*.

f. Il n'y a qu'une manière naturelle de reconnaître les couleurs: elle consiste à savoir discerner l'*effet particulier* que chacune d'elles produit sur notre œil.

f. Il n'y a qu'une manière naturelle de reconnaître les sons: elle consiste à savoir discerner l'*effet particulier* que chacun d'eux produit sur notre oreille.

2. Si, en général, nous discernons plus facilement les couleurs du prisme que les sons de la gamme, c'est parce que, dans la forme et la couleur des objets qui nous environnent, nous trouvons un enseignement continuel pour notre œil, tandis qu'au contraire la nature n'offre rien d'analogue pour l'éducation musicale de l'oreille; le jugement de cet organe ne saurait être exercé que de loin en loin, et seulement par l'audition de compositions musicales.

3. Cependant les expériences suivantes, tout en confirmant ce qui vient d'être dit sur la manière de discerner les sons en musique, vont nous prouver que nous sommes naturellement beaucoup plus musiciens qu'on ne le croirait tout d'abord.

Nota. Nous engageons les lecteurs musiciens à répéter les expériences suivantes en s'adressant au premier venu, qui, sans connaître la musique, aura pourtant quelque habitude du chant.

Chantons, en prenant le ton un peu bas (*do* par exemple), les huit mots : *Au clair de la lune, Mon ami Pierrot.*—Bien!

Chantons maintenant: *Il pleut, il pleut bergère.*—Bien!

Puis encore: *Fleuve du Tage.*—A merveille!

Enfin: *Bon voyag', monsieur Dumollet.*—Très bien!

Si l'expérience a bien réussi, et si nous avons commencé *Au clair de la lune* sur le son DO (I), nous avons *instinctivement* fait entendre le son MI (III) sur la syllabe *il* de l'air *Il pleut*; le son SOL (V) sur la syllabe *fleu* du troisième air et le son DO (I, octave supérieure) sur la syllabe *bon* du quatrième.

Continuons l'exercice :

A présent, ne chantons plus que la première syllabe de ces quatre airs.

Pensons à *Au clair de la lune*, et chantons seulement la première syllabe *au*.—Bien!

Pensons à *Fleuve du Tage*, et chantons seulement la première syllabe *fleu*.—Bien!

Chantons *il* de *Il pleut*.

Pensons à *Bon voyag'*, et ne faisons entendre que la première syllabe *bon*.—Très-bien!

Mais, pour réussir, ne négligeons pas de chanter mentalement chacun de ces airs, avant d'en faire entendre le premier son.

Attention! Chantons:*Il*. Chantons : *Au-fleu-au-bon-il-au-il-fleu-bon.*

Or nous venons de voir que les musiciens ont donné les noms DO, MI, SOL, DO [aigu], aux sons représentés par les syllabes *au, il, fleu, bon.*

Il suit de là que, lorsque nous avons fait entendre la série de sons précédents : *au, fleu, au, bon, il, au, il, fleu, bon,* nous avons montré autant de science que le musicien qui chanterait ces mêmes sons sur les syllabes d'usage:

DO, SOL, DO, DO [aigu], MI, DO, MI, SOL, DO [aigu].

4. C'est ainsi que nous pourrions parfaitement trouver seuls le commencement de l'air *O Richard! ô mon roi!* par exemple, pourvu que, au lieu de gros points noirs placés sur des lignes, on nous montrât simplement les syllabes *fleu-fleu-bon-il-fleu-au.* *Au-au-il-il-fleu-fleu-bon-bon* nous donneraient le début du chœur des masques de Don Juan: *Objet de mon hommage;* et *fleu-bon-fleu-il-il-au,* les premiers sons de l'air de la méthode Wilhem:*C'est Dieu qui fit le monde.*

5. Mais essayons d'aller plus loin encore: ce n'est pas assez de savoir lire une langue, il faut aussi savoir l'écrire.

Vous venez de solfier avec le secours des quatre airs précédents. Renversons maintenant le problème: écrivez sous votre propre dictée, les six sons: *O Richard! ô mon roi!*

Attention! Chantez: *O.*—Bien!

Chantez maintenant celui de vos quatre airs qui commence par le même son : *Fleuve du Tage.*—Bien!

Chantez les deux premiers sons: *O Ri.*—Bien!

Faites entendre celui de vos quatre airs qui commence par ce deuxième son: *Fleuve du Tage.*—Très bien!

Chantez les trois premiers sons: *O Richard!*—Très bien!

Faites entendre celui de nos airs qui débute par le même son: *Bon voyag'.*—Parfaitement!

Continuez à vous dicter de la même manière, les trois autres sons: *ô mon roi!* et vous trouverez qu'ils peuvent être représentés par *il, fleu, au.*

6. Nous bornerons là ces expériences. Elles constatent ce fait curieux et peut-être : *Toute personne ayant une oreille juste peut solfier et écrire des sons sous la dictée, sans aucune étude préalable.*

7. Nous osons croire que ce fait attirera l'attention de tous les vrais amis de l'art musical, et donnera à toute personne qui voudra l'expérimenter, la conviction qu'il contient en principe un nouveau mode d'enseignement de la musique vocale aussi puissant que simple, aussi facile que naturel.

8. La méthode à suivre paraissait toute tracée; en effet, au premier coup d'œil, il nous sembla qu'il suffirait d'ajouter aux quatre airs que nous venons de chanter, quatre autres mélodies pour servir de types d'intonation aux notes 2, 4, 6, 7 (*ré, fa, la, si*).

9. Mais à peine notre système a-t-il été imaginé, que nous avons pensé à le perfectionner, en renfermant les formules mnémoniques de la gamme entière dans un seul air très court et très facile à apprendre.

10. Air type. — Cet air est un canon à trois voix dont chaque partie (*a, b, c*) commence par l'un des trois sons primordiaux (I, III, V) et fournit ainsi des points de rappel ou formules mnémoniques pour les trois notes DO, MI, SOL.

Quant aux sons 2, 4, 6, 7 (*ré, fa, la, si*), nous trouvons leurs formules en coupant de la manière suivante, les trois parties de ce canon.

Ainsi :

La formule du DO est *do ré do.*
La formule du RÉ est *ré do.*
La formule du MI est *mi fa mi do.*
La formule du FA est *fa mi do.*
La formule du SOL est *sol la sol si do.*
La formule du LA est *la sol si do.*
La formule du SI est *si do.*

Les mêmes formules servent pour chanter les notes à l'octave supérieure ou inférieure.

11. Ainsi que nous allons le faire voir, tout a été calculé dans la composition de ce petit air, tous les sons y ont été disposés dans le but de mettre le mieux en lumière, selon leur degré d'importance, les diverses propriétés tonales de la gamme.

Nous avons placé d'abord les trois sons principaux DO, MI, SOL, aux endroits les plus saillants, c'est-à-dire en tête des trois parties du canon.

Les notes *ré, fa, la* et *si* ont été intercalées selon l'exigence d'une loi harmonique que nous allons faire connaître.

12. Tous ceux qui se sont occupés plus ou moins de composition musicale, savent que l accords qui établissent le mieux la tonalité, sont ceux de septième et de neuvième de dom nante, se résolvant sur l'accord parfait de la tonique. Exemple:

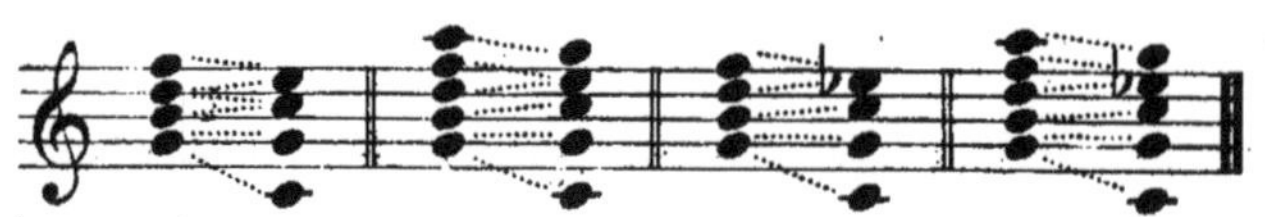

13. Le mouvement résolutif des diverses notes de ces accords dissonants nous montre cer taines affinités, certaines tendances, qui caractérisent au suprème degré le rôle ou sen tonal des notes *ré, fa, la* et *si*.

Etant admis que les quatre notes de l'accord parfait DO, MI, SOL, DO[aigu] marquent dan la gamme quatre temps d'arrêt ou de repos, nous constatons que :

1° La *sensible* monte au repos sur la tonique ;

2° La *sous-dominante* descend au repos sur la médiante ;

3° La *su-dominante* descend au repos sur la dominante ;

4° Enfin la *su-tonique* descend au repos sur la tonique, ou monte facultativement a repos sur la médiante.

14. Ce sont ces divers mouvements, qui font si bien ressortir les rôles spéciaux appar tenant aux notes secondaires 2, 4, 6 et 7 (*ré, fa, la* et *si*), que nous avons strictemer reproduits dans la contexture de notre air type, en y faisant graviter chacune d'elles ver son centre d'attraction respectif.

Ainsi s'explique la disposition des notes qui composent notre air type.

15. Application des formules à l'étude du ton de DO majeur. — BUT.— L'unique mais indispensable but à atteindre est de se rendre capables de solfier, san hésitation, n'importe quelles formules prises au hasard.

16. RÉSULTATS.—Tout élève qui possèdera parfaitement les formules pourra :

1° *Déchiffrer sans aide* l'intonation de tout morceau non modulé écrit en DO majeur.

2° *Ecrire sous la dictée, sans le secours d'un instrument,* l'intonation de tout morcea non modulé chanté ou joué note par note.

17. Pour obtenir ce double résultat, qui donne la solution des deux problèmes les plu difficiles de la langue musicale, il suffit que l'élève s'oblige *à ne jamais hasarder une seul note, sans en avoir préalablement cherché le ton dans la formule qui lui sert de poin de rappel.*

18. Etude de tous les autres tons majeurs. — Par analogie, on saura solfie et écrire sous la dictée dans tous les autres tons majeurs, lorsqu'on aura appris les sep couplets suivants, en les chantant sur l'air type majeur (10) et que, dans chaque couplet, o se sera bien accoutumé à la permutation des formules comme il a été indiqué (15) pou l'étude du ton de DO majeur.

DO *ré do.*	MI *fa mi do.*	SOL *la sol si do.*
RÉ *mi ré.*	FA *sol fa ré.*	LA *si la do ré.*
MI *fa mi.*	SOL *la sol mi.*	SI *do si ré mi.*
FA *sol fa.*	LA *si la fa.*	DO *ré do mi fa.*
SOL *la sol.*	SI *do si sol.*	RÉ *mi ré fa sol.*
LA *si la.*	DO *ré do la.*	MI *fa mi sol la.*
SI *do si.*	RÉ *mi ré si.*	FA *sol fa la si.*

19. Etude du ton de DO mineur. — S'agit-il d'apprendre à solfier en DO mi-ur? Les élèves n'ont qu'à employer les formules déjà connues, mais en les modifiant la manière suivante:

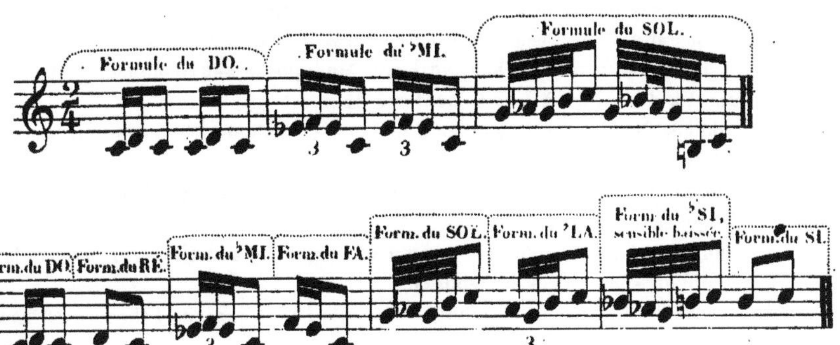

20. Etude de tous les autres tons mineurs. — Il sera facile de solfier et écrire sous la dictée dans tous les autres tons mineurs, lorsqu'on se sera habitué à ppliquer les sept mêmes couplets sur le type chanté en mineur.

21. Certaines combinaisons de nos formules, méthodiquement graduées dans des ex-rcices spéciaux, complètent notre enseignement et concourent efficacement à l'étude des odulations des passages chromatiques, des transitions enharmoniques et de toutes les utres difficultés de l'intonation.

22. Cependant, nous devons le dire, tous ces résultats ne s'obtiendraient pas aussi ra-idement, sans un certain procédé auxiliaire, sorte de mécanisme mnémonique, qui ajoute nos formules une puissance considérable.

23. Signes manuels mnémoniques. — Depuis longtemps on se sert de certains ouvements de main pour aider à l'exécution des valeurs rhythmiques; afin de faciliter ussi l'étude de l'intonation, nous astreignons les élèves lorsqu'ils solfient, à tracer en air avec la main, les figures ou signes suivants, destinés à rappeler la propriété to-ale de chaque son. C'est par ce moyen que nous obtenons de tous les élèves l'attention la lus soutenue et que nous obligeons même les plus distraits *à ne jamais solfier une seule ote sans en avoir préalablement cherché le son dans sa formule.*

24. Ces signes n'ont point été adaptés aux notes d'une manière arbitraire; ils in diquent par la direction de leur tracé, soit leurs diverses tendances, soit leur caractè de repos, soit leur état modal.

Le signe ●, figuré en l'air par un mouvement de la main portée brusquement en vant, les doigts rassemblés en faisceau, indiquent le son *un* (I) point de départ et poi d'arrivée, le son repos par excellence, la *tonique* enfin.

La main doit être ouverte pour tracer en l'air tous les signes suivants.

La ligne verticale |, tracée de haut en bas (↓), indique le deuxième son de la gamm qui tend autant à descendre à I qu'à monter à III.

La ligne oblique \, tracée de gauche à droite (↘) indique la tendance fréquente d son 4 vers le son III.

La ligne horizontale —, tracée de gauche à droite (→), indique le caractère de rep l'absence de tendance du ton V.

La ligne oblique /, tracée de bas en haut et de gauche à droite (↗), indique la ten dance fréquente du son 7 vers le repos I.

La ligne convexe ⌢, tracée de gauche à droite (⌢→), indique l'absence de tendanc le caractère de repos du son III en majeur.

La ligne concave ⌣, tracée de gauche à droite (⌣→), indique l'absence de tendanc le caractère de repos du son III en mineur.

Les sons III et 6 sont modals ou essentiellement variables, c'est-à-dire susceptibl d'être baissés ou haussés, selon que l'on passe du majeur au mineur ou du mineur a majeur, dans la même tonalité; voilà pourquoi nous leur avons attribué les lignes courbe ⌢ ⌣ ( ). Au contraire, les sons 2, 4, 6 et 7 ayant un caractère invariable dans le deux modes, nous les indiquons par les lignes droites: | \ — /.

Enfin, la large ligne horizontale ▬, tracée de gauche à droite (→), la main su champ, la paume en dehors, indique la sensible baissée et la ressemblance de ce so avec la dominante du ton relatif majeur.

On remarquera que nous avons indiqué en mineur l'abaissement caractéristique du so III par la ligne ⌣, courbée en dessous, et l'abaissement du son 6 par la ligne), re courbée dans le sens de la courbure du bémol (♭).

25. Les avantages qui résultent de l'emploi de ces signes sont nombreux et ont un importance très sérieuse. Le développement ultérieur de notre méthode fera connaîtr les services qu'ils nous rendent à chaque instant, dans les exercices variés de notr nouvel enseignement.

26. Ces mêmes signes placés sur la portée donnent à la notation une *précision to nale absolue;* qualité primordiale qui manque entièrement à l'écriture ordinaire.

27. Par cette notation, l'application *à première vue* des paroles et les modulation même les plus excentriques deviennent bientôt un jeu; aussi sommes-nous heureux d savoir que nos plus zélés partisans songent à former une société pour sa propagatio en musique vocale.

28. Cependant comme nous n'osons croire à une prompte modification dans notr notation, on ne devra voir dans nos signes qu'un procédé transitoire employé pou arriver plus vite et plus sûrement à l'intonation.

BASE NOUVELLE

SUR LAQUELLE NOUS AVONS FONDÉ L'ÉTUDE DE LA MESURE.

29. Autrefois la musique était écrite sans barres de mesures.

Le premier qui eut l'idée de diviser toute composition en fragments proportionnels, rendit la lecture musicale beaucoup plus facile.

30. Avant la division par mesures, le rhythme était indiqué aux exécutants par des coups équidistants frappés par la personne qui dirigeait l'ensemble. L'usage de diviser la musique par mesures facilita la distinction des temps, en temps forts et en temps faibles, que les mouvements de main en usage firent ressortir encore davantage.

31. Tant que la musique est restée dans une grande simplicité de formes rhythmiques, ces mouvements ont puissamment aidé à mesurer les durées ; mais depuis que l'on a divisé, subdivisé et varié presque à l'infini la combinaison des valeurs qui peuvent être contenues dans un temps, les anciens points de repère, la division par mesures et par temps, ne saurait plus suffire, et l'on sent le besoin d'être guidé par des jalons plus rapprochés, plus nombreux.

32. Dans notre théorie nous divisons les durées :

en notes ou silences valant un temps (unité de temps).

en notes ou silences valant plus d'un temps (multiples d'un temps).

et en notes ou silences valant moins d'un temps (sous-multiples d'un temps).

33. Pour enseigner facilement à lire, dans les mesures simples ou composées, les durées valant un temps ou le multiple d'un temps, nous figurons ces valeurs par des noires ou noires pointées, isolées ou liées deux par deux, trois par trois etc. que l'on fait sentir à la lecture par autant de coups de gosier ou inflexions de voix que chaque note vaut de noires. Exemples :

Lire ces exemples en prononçant les noms des notes de la gamme ascendante.

34. Par analogie, pour enseigner facilement à lire, dans les mesures simples ou composées les durées premiers sous-multiples du temps, nous figurons ces valeurs par des doubles croches isolées ou liées deux par deux, trois par trois etc. que l'on fait sentir à la lecture par autant de coups de gosier ou inflexions de voix que chaque note vaut de doubles croches. Exemple:

35. Signes manuels rhythmiques. — De même que, pour faciliter l'étude de l'intonation, nous traçons en l'air ou figurons par la notation certains signes pour représenter les diverses fonctions tonales, de même aussi, afin d'aider à l'étude de la mesure, nous employons certains signes manuels pour rendre palpables l'unité de temps, ses multiples et sous-multiples.

Ainsi:

36. La main ouverte est le signe palpable de l'unité de temps. (Voir l'exemple ci-après).

Nota. Le pouce ne devant pas figurer doit être rentré dans l'intérieur de la main.

Les quatre doigts séparés l'un de l'autre rendent palpable l'unité de temps divisée en quatre quarts. (Voir ci-après).

Les quatre doigts réunis deux par deux rendent palpable l'unité de temps divisée en deux notes valant chacune deux quarts de temps, c'est-à-dire un demi-temps. (Voir ci-après).

Trois doigts réunis et un doigt isolé rendent palpable l'unité de temps divisée en une note valant trois quarts de temps et une note valant un quart de temps. Ainsi de suite, (voir ci-après).

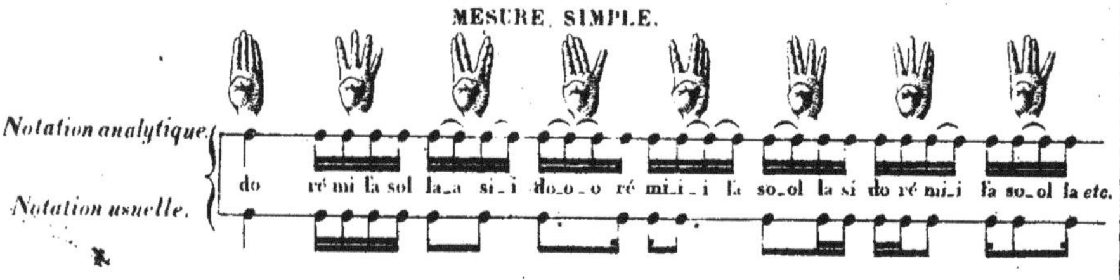

37. Les figures suivantes montrent la manière de représenter et de rendre palpable l'unité de temps des mesures composées et ses premiers sous-multiples.

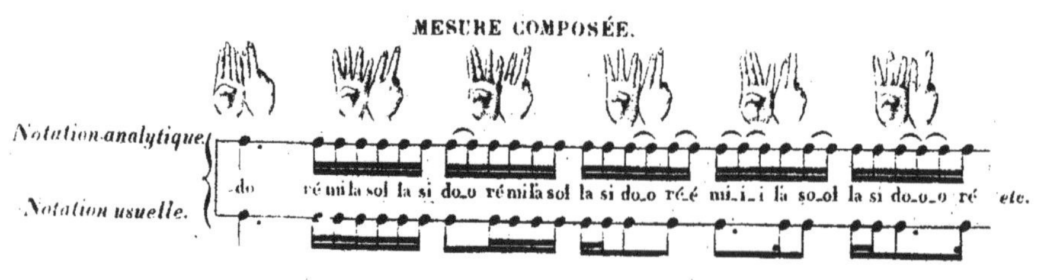

38. Par opposition, la main ou les doigts fermés indiquent la bouche fermée, l'absence de sons les silences.

Ainsi:

La main fermée indique un temps négatif: l'unité de temps en silence. (Voir ci-après).

Un doigt fermé, deux doigts réunis et un doigt isolé, représentent un quart de temps en silence (un quart de temps négatif), une note valant deux quarts de temps puis une note valant un quart de temps. (Voir ci-après la huitième figure).

Trois doigts fermés et un doigt ouvert réprésentent trois quarts de temps en silences (trois quarts de temps négatifs), suivis d'une note valant un quart de temps. Ainsi de suite, (voir ci-après, la deuxième figure).

MESURE SIMPLE.

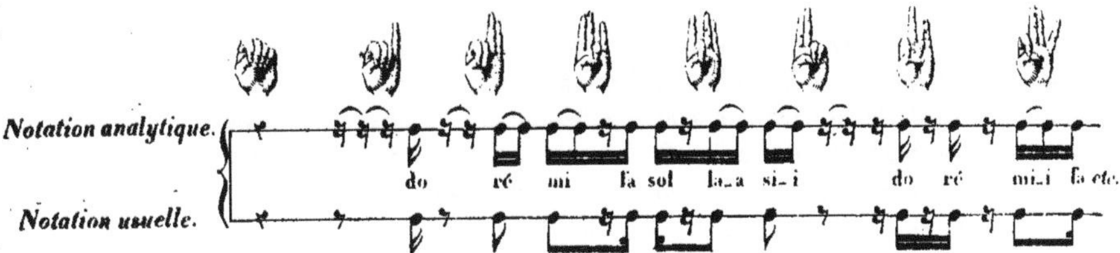

MESURE COMPOSÉE.

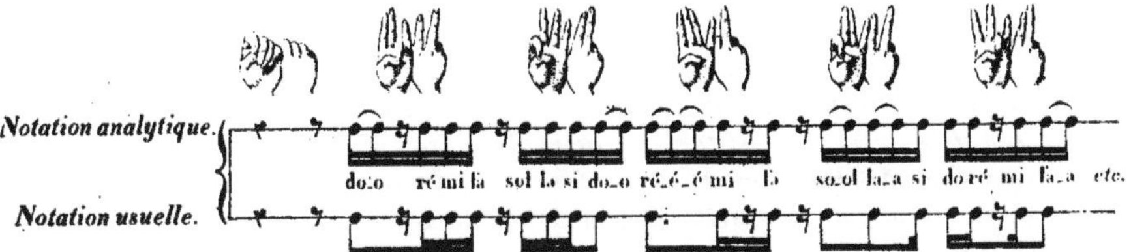

39. Pour de plus amples éclaircissements on peut voir dans nos exercices rhythmiques (129) comment nous figurons les durées multiples du temps ainsi que les trois pour deux, les cinq, six et sept pour quatre et les triples croches.

40. En résumé nous dirons: que nous avons deux rhythmes régulateurs servant d'étalons pour mesurer les durées: l'un, marqué par les mouvements de main usités, pour mesurer les unités de temps; l'autre, marqué par des inflexions de voix, pour mesurer les sous-multiples du temps.

41. Ainsi nous ne changeons rien à la manière ordinaire de battre la mesure, seulement, toutes les fois qu'il se rencontre des durées divisionaires du temps, nous joignons au rhythme trop large battu par la main, les jalons plus serrés des quarts ou sixièmes de temps, marqués par des inflexions de voix.

Dans ce cas, nous marquons donc la mesure avec la main et la voix simultanément: la main faisant deux, trois ou quatre mouvements par mesure selon que le rhythme est à deux à trois ou à quatre temps; et la voix faisant quatre ou six inflexions par temps, selon que la mesure est simple ou composée

CONCLUSION.

42. Par l'exposition que nous venons de faire, on peut voir qu'à l'exception des noms *do, ré, mi, fa, sol, la* et *si,* que nous conservons aux notes dans la solmisation, et des figures de notes et de silences auxquelles nous croyons ne pas devoir toucher, tout est neuf dans notre méthode.

43. Ainsi, pour l'étude de *l'intonation,* plus de *gammes,* plus de *progressions,* plus de nécessité d'apprécier les *intervalles* que la voix doit parcourir en solfiant; nos élèves se trouvent heureusement affranchis de tous tâtonnements approximatifs, de toutes ces abstractions en quelque sorte mathématiques, pour lesquelles les jeunes élèves surtout ont tant de répugnance.

44. Pour nos élèves, le nombre plus ou moins grand des dièses ou des bémols à la clé n'augmente en rien la difficulté d'intonation. Pourquoi auraient-ils plus de peine à chanter en SOL bémol majeur avec six bémols ou en SOL dièse mineur avec cinq dièses, qu'en SOL majeur avec un dièse ou en SOL mineur avec deux bémols? Dans ces quatre tons, les mêmes positions de notes n'indiquent-elles pas les mêmes propriétés? *la,* par exemple, n'indique-t-il pas toujours la su-tonique (|)? *ré,* la dominante (—)? *fa,* la sensible (/)? Que ces notes soient naturelles, diésées ou bémolisées, que nous importe, puisque les formules restent toujours les mêmes, puisque nous ne changeons pas de couplet?

45. Nos formules et leurs signes résolvent ainsi toutes les difficultés que renferme l'appréciation musicale du son. Véritables *étiquettes* attachées aux notes pour en faire connaître la fonction tonale, elles donnent le *précieux moyen d'unir l'idée d'une intonation déterminée au signe qui la représente.* En elles, nos élèves trouvent un criterium d'intonation certain, un guide fidèle, un fil conducteur, qui les empêche de s'égarer au milieu du labyrinthe des modulations si fréquentes et souvent si *hardies* de la musique moderne.

46. Toute notre méthode repose donc sur un *seul* et *même type;* unité précieuse qui permet de tout peser dans la même balance, qui facilite les comparaisons, fait ressortir les analogies plus ou moins prochaines, les rend palpables, pour ainsi dire, et donne promptement aux élèves les connaissances à la fois théoriques et pratiques qu'ils n'obtiennent ordinairement, par les méthodes en usage, qu'après un long travail.
Nous osons croire qu'il existe peu de théories établies sur une base plus rationnelle.

47. Nous nous sommes séparé de l'ancien système, parce qu'il repose tout entier sur le calcul des intervalles ou appréciation vocale et auriculaire des distances, et que cette théorie ne nous a pas semblé s'appuyer sur nos facultés musicales innées.

48. On partagera peut-être notre manière de voir, lorsqu'on voudra bien remarquer avec nous, que toute personne non musicienne à qui l'on fait chanter la gamme, ne saurait dire si les degrés que sa voix parcourt sont égaux ou inégaux. Or, si un élève ne peut tout d'abord, c'est-à-dire naturellement, apprécier l'intervalle de seconde, qui est l'intervalle le plus petit, le plus simple, le plus élémentaire, nous avons peine à comprendre comment il parviendra, facilement du moins, à avoir conscience des intervalles beaucoup plus grands, tels que ceux de quinte, sixte et septième, majeures ou mineures, augmentées ou diminuées.

49. En théorie, l'intervalle de *sol* à *do* est le même en DO majeur qu'en LA bémol majeur; mais, dans la pratique, quelle différence!
En DO majeur, les notes *sol, do,* produisent à l'oreille l'impression d'une dominante d'une tonique. En LA bémol majeur, au contraire, ces deux mêmes notes produisent l'effet d'une sensible et d'une médiante.

50. Ici donc, plus d'identité: or, où il n'y a plus d'identité, il ne peut plus exister comparaison.
D'après ces considérations, persistera-t-on encore à dire que l'élève qui aura appris à solfier *sol do* en DO majeur, saura aussi chanter ces notes en MI bémol ou en LA bémol majeurs, en SI bémol majeur ou en MI mineur? quant à nous, nous n'hésitons pas à répondre négativement, puisqu'il est évident que ces notes changent complètement de sens, en passant d'une tonalité à une autre.

51. Non, l'intonation par les intervalles n'est pas le procédé le plus naturel! En voici une nouvelle preuve: c'est que les professeurs et les élèves même, tôt ou tard, dominés à leur insu par le *puissant instinct de la tonalité,* abandonnent tous le guide illusoire des distances, pour ne s'attacher qu'à un seul fait: *l'appréciation des fonctions tonales.*

52. Frappé de cette vérité, nous nous demandons si l'on peut avoir à la fois, et le sentiment d'un intervalle, et le sentiment des fonctions qui le composent; en d'autres termes, si l'impression d'un intervalle *peut réellement se séparer* de l'impression des deux propriétés tonales qui le constituent; en un mot, enfin, nous voudrions savoir si l'appréciation *pure et simple* des intervalles est *réellement possible,* et si elle n'est point une véritable abstraction.

53. Il y a plus: dans l'ancien système d'intonation par les intervalles, tous les sons d'un morceau sont solidaires; chacun d'eux dépend de celui qui le précède, comme le premier dépend lui-même du diapason.

54. Il suit de là que toute erreur de calcul doit inévitablement amener une série d'erreurs successives, qui n'auraient jamais d'autre terme que la fin même du morceau, si le sentiment inné de la tonalité, plus puissant que le vieil expédient d'intonation, ne venait le plus souvent remettre l'élève dans la bonne voie.

55. Ainsi, par l'ancien procédé, les élèves n'arrivent au sentiment de la tonalité que par un chemin indirect et comme par hasard, parce que le but à atteindre ne leur est pas positivement montré, parce que le problème à résoudre leur est mal posé.

56. Par la voie nouvelle, au contraire, l'élève est placé franchement, et dès la première leçon, en face du but à atteindre, vers lequel il marche avec courage et en droite ligne parce qu'il ne le perd pas un seul instant de vue.

57. Au lieu d'appuyer notre exécution musicale sur le raisonnement seul, qui, dans les arts, n'est pas toujours le guide le plus naturel, nous établissons notre système sur l'appréciation des sons la plus vraie et la plus profitable, sur la TONALITÉ, seule et unique trame à laquelle viennent aisément se renouer tous les fils du tissu harmonique et mélodique.

INSTRUCTIONS GÉNÉRALES.

PRINCIPES.

58. Cette méthode s'adressant aux tout jeunes enfants aussi bien qu'aux adultes, nous laissons aux professeurs le soin d'expliquer les principes de musique quant et comme ils jugerons convenable de le faire.

59. Cependant nous avons placé dans les dernières pages de cette méthode quelques tableaux synoptiques qui pourront aider les élèves à se souvenir des explications du maître.

60 Nous allons seulement indiquer ici la forme d'enseignement que nous employons autant que possible, dans tous nos cours de jeunes élèves pour l'étude des principes, en la modifiant toutefois selon l'âge des enfants.

61. Par exemple, dans la première leçon, au moment où les élèves viennent d'apprendre à dessiner les formules et tandis qu'ils ont encore l'air sous les yeux, nous les interrogeons à-peu-près de la manière suivante:

DEMANDES.	*RÉPONSES.*
1. Regardez bien comment cet air est écrit et dites ce que figurent ces points noirs?	1. Ils figurent les sons de l'air que nous venons de chanter.
2. Comment les musiciens appellent-ils ces points?	2. Ils les appellent des notes.
3. Regardez bien et dites combien les musiciens emploient de lignes pour écrire les notes?	3. Cinq.
4. Ces cinq lignes suffisent-elles toujours pour écrire un air quelconque? Regardez bien!	4. Non! nous voyons par exemple que pour écrire le DO premier son de cet air il a fallu ajouter une ligne en dessous des cinq.
5. Dans quel cas ajoute-t-on de petites lignes au-dessous des cinq?	5. Lorsque les notes à écrire descendent plus bas que celles qu'on peut placer sur et entre les cinq lignes.
6. Pensez-vous qu'il soit quelquefois nécessaire d'ajouter de petites lignes au-dessus des cinq lignes?	6. Oui.
7. Dans quelles circonstances?	7. Lorsque les notes à écrire montent plus haut que celles qu'on peut placer sur et entre les cinq lignes.

8. Maintenant que vous connaissez ces choses, il ne vous reste plus qu'à apprendre leurs noms: Les cinq lignes principales s'appellent une *portée* et les petites lignes qu'on ajoute momentanément au-dessus ou au-dessous de la portée s'appellent *lignes supplémentaires* etc. etc.

62. Cette manière d'instruire les élèves par leur propre raisonnement soutient leur attention, exerce leur jugement et laisse dans leur mémoire une empreinte plus durable que l'enseignement pédagogique sec et froid du professeur qui s'isole en parlant seul

63. Etude des clés. — Nous enseignons dès le commencement les deux clés les plus usitées : la clé de sol et la clé de fa, à cause du grand nombre d'élèves qui se livrent à l'étude du piano.

64. Quant à la clé de fa troisième ligne et aux quatre positions de la clé d'ut nécessaires à connaître seulement pour lire les anciennes partitions, la notation de certains instruments et pour transposer à vue, nous nous en occuperons par les moyens habituels à la fin de nos études où nous exposerons une nouvelle manière de les étudier plus rapide.

65. Variété dans les exercices. — Les exercices de chant doivent être entrecoupés par l'étude des principes, par l'étude de la mesure, par les exercices de dictée, par des exercices individuels etc. D'ailleurs ne sait-on pas que la variété dans les études produit toujours un délassement ?

66. Précautions à prendre. — Ajoutons que pour ne point fatiguer la poitrine des jeunes enfants surtout, il faut avoir soin de ne jamais faire chanter ni trop fort, ni trop haut, ni trop long-temps : grâce à ces précautions, les tout jeunes enfants peuvent suivre notre méthode sans qu'il y ait rien à craindre soit pour leur santé, soit pour leur voix.

INTONATION.

67. Dessin des formules. — Durant les deux premières classes, les élèves ne doivent jamais solfier sans dessiner les formules en mesure (92). Cette exigence est tellement opportune, que nous la continuerions jusqu'à la fin des études, si la rapidité de l'exécution, dans les dernières classes, ne venait y mettre obstacle. Aussi, toutes les fois qu'un passage embarrassera les élèves quant à l'intonation, il faudra aussitôt le faire étudier en dessinant.

68. Les deux choses qu'il faut absolument exiger. — L'élève qui veut suivre notre méthode, doit donc, durant la première et la deuxième classe, s'astreindre à deux choses :

A ne jamais solfier une seule note sans en avoir préalablement trouvé le ton dans sa formule propre.

A ne jamais solfier une seule note, sans en dessiner en même temps sa formule.

La méthode presque toute entière est là.

69. Vous donc, professeurs qui voulez enseigner par ce système, ne laissez pas perdre de vue un seul instant ces deux préceptes ! Ne vous lassez pas de stimuler l'attention des élèves, en répétant sans cesse : *Pensez aux formules ! Dessinez les formules ! Pas de routine, ne chantez pas au hasard ! Les formules, les formules ! Dessinez !!*

70. Il ne faut pas aider les élèves. — Mais surtout, dans l'intérêt de leurs progrès, *ne les aidez pas de votre voix !* Le ton une fois donné, abandonnez les à leur guide mental, à leur instrument mnémonique. Ne chantez avec eux que le plus rarement possible et seulement lorsque vous entendrez leur voix baisser ou se perdre hors de la tonalité, après avoir fait de vains efforts pour y rentrer.

71. Pourquoi toute la méthode est écrite en signes. — Toute la méthode est écrite en signes indiquant les fonctions ou propriétés tonales, afin que les élèves ne puissent jamais s'abandonner un seul instant à la routine, et qu'il leur soit toujours possible de se rendre compte bien nettement de ce qu'ils ont à faire ; aussi ceux qui l'auront suivie complètement, ou à peu près, seront-ils capables de solfier à première vue toute musique qui leur sera présentée.

72. Examens individuels. — Lorsque plusieurs élèves sont réunis, on les fait chanter tous ensemble à l'unisson ou en parties. Toutefois, lorsque le cours n'est pas trop nombreux, il est bon de les faire souvent chanter isolément, afin de s'assurer si chacun d'eux prend l'habitude indispensable *de ne s'appuyer que sur lui-même et non sur les autres.*

73. Pendant qu'un élève exécute seul un exercice, les autres doivent dessiner, afin que l'attention de tous soit constamment soutenue.

74. Manière d'habituer les élèves à prendre le ton eux-mêmes d'après le diapason. — Nous indiquons en tête de chaque morceau la formule ou les formules que l'élève doit chanter, à partir du *la* du diapason pour trouver le ton. Chaque fois qu'on voudra dire ou redire un exercice, le professeur fera vibrer ce petit instrument devant eux et les habituera à chanter ces formules.

75. Prélude. — Après avoir pris le ton, les élèves préluderont toujours, avant l'exécution d'un exercice vocal, par la répétition du type et la transmutation des formules.

76. Manière de faire disparaître une à une toutes les difficultés d'intonation. — Lorsqu'en solfiant, les élèves hésitent ou se trompent en passant d'une formule à une autre, il faut, sans désemparer, revenir sur ces deux formules et les faire solfier intégralement plusieurs fois, en insistant surtout sur celle qui est rebelle jusqu'à parfaite exécution, sans quoi l'on verrait les élèves se tromper à ces deux mêmes fonctions, dans tous les autres tons du même mode.

77. C'est par ce moyen que l'on parvient à vaincre et à faire disparaître souvent pour toujours, une à une chaque difficulté particulière, à mesure qu'elle se présente, et qu'insensiblement on arrive à ne plus en rencontrer aucune.

Nous ne saurions trop insister pour que les professeurs fassent prendre cette habitude aux élèves, afin que dans leur travail particulier, en dehors des leçons, ils se souviennent que c'est ainsi et non autrement qu'ils doivent étudier, s'ils désirent faire de rapides progrès.

78. Intuition parfaite du son donnée par les signes. — L'avancement en intonation se trouve toujours être en raison directe de l'habileté dans les formules. Amener les élèves à leur possession parfaite dans les deux modes de tous les tons, telle doit être la principale préoccupation du professeur.

79. On aura atteint ce but, lorsque durant l'exécution d'un exercice, les élèves sentiront que chaque signe donne instantanément *l'intuition précise du son qu'il représente,* quelles que soient d'ailleurs les syllabes à prononcer: noms de notes, voyelles, chiffres ou paroles.

80. Une fois que l'impression tonale se trouve, par le signe, gravée dans la mémoire de l'élève, ses progrès sont assurés; on pourrait alors le comparer à un ouvrier qui serait entré en possession *de tous les outils nécessaires à son travail* et aurait déjà acquis une certaine habileté à les manier. Toutes les difficultés: transposition, modulations, passages chromatiques, intervalles altérés, transitions enharmoniques etc. sont surmontées sans efforts, sans dégoût, comme par enchantement, et tout cela par un seul moyen: LES FORMULES.

ÉCRITURE SOUS LA DICTÉE.

81. Préparation à la dictée des sons. — L'exercice qui consiste à faire trouver par les élèves la formule entière d'un son quelconque, solfié par le maître ou mieux encore par un élève, (120) est un des meilleurs moyens d'enseigner rapidement les formules et de préparer à l'écriture sous la dictée; on devra donc y revenir souvent.

82. C'est par ce mode d'interrogation, mais en vocalisant au lieu de solfier, que les élèves sont amenés *méthodiquement* à pouvoir, souvent dès la troisième leçon, commencer à écrire sous la dictée, en dessinant en l'air, tous les sons qu'il plaira de faire entendre dans le ton d'ut majeur, quel que soit leur ordre de succession (122).

83. Ecriture sous la dictée. — Lorsque tous les élèves ont été ainsi suffisamment préparés à la dictée, le maître, après avoir désigné le ton dans lequel il veut qu'on écrive, dicte *un à un* soit avec un instrument, soit en vocalisant ou en chantant des paroles, tous les sons d'une phrase non modulante; aussitôt qu'un son a été dicté, les élèves le reconnaissent à l'instant par l'adaptation de la formule qui s'y ajuste.

Pendant ce temps, un élève placé au tableau écrit sur la portée ou hors de la portée le signe de chaque son dicté.

84. Les élèves de la première classe répondent à chaque son que le maître fait entendre, en solfiant intégralement la formule que rappelle ce son.

85. Dans la deuxième classe, ils répondent à chaque son dicté en solfiant ce son et en achevant mentalement la formule dont il est l'initial.

86. Dans les troisième et quatrième classes, le professeur, au lieu de dicter les sons un à un, en dicte deux, trois, quatre, ou même davantage à la fois, c'est-à-dire d'un seul trait; les élèves solfient immédiatement ces sons dans le rhythme où ils ont été indiqués.

87. Souvent, au lieu de répondre aux sons dictés par les noms des notes, les élèves chantent les chiffres de ces sons ou leurs dénominations tonales (dominante, sensible etc.).

88. Tant que les élèves sont en première ou en deuxième classe, les dictées sont écrites au tableau, en signes mais sans indications des durées; ce n'est qu'en troisième et quatrième classes qu'on y joint l'élément rhythmique.

89. Transposition des dictées. — Lorsque la phrase dictée ainsi par fragments a été écrite en signes par l'élève qui est au tableau, on la fait dessiner et solfier par toute la classe, d'abord dans le ton où elle a été dictée, puis ensuite on la fait transposer dans tous les tons que les élèves ont déjà étudiés.

MESURE.

90. Pourquoi nous ne faisons pas de suite battre la mesure en solfiant. — Les commençants éprouvent une certaine difficulté à battre la mesure à deux temps, trois temps et quatre temps, sans confondre les mouvements de la main entre eux; il en résulte une préoccupation qui nuit à la recherche des sons.

91. D'ailleurs, si les élèves étaient, dès le commencement, obligés de battre la mesure à la manière ordinaire, ils perdraient l'avantage du tracé des formules qui leur est d'un si grand secours pour l'étude de l'intonation.

92. Comment les commençants doivent mesurer les sons en solfiant. — Nous avons donc cherché le moyen de faire chanter les élèves en mesure durant les deux premières classes, sans les obliger aux mouvements de main ordinaires.

Pour cela, nous faisons servir le tracé en l'air des signes non seulement à indiquer les formules, mais encore à mesurer la durée des notes.

93. Ainsi, pour exécuter en mesure tous les solféges de la première classe, nous faisons dessiner à intervalles égaux chaque note *autant de fois qu'elle vaut de temps*, lorsque la mesure est simple (solfége nos 1, 4, 5, etc), ou *autant de fois qu'elle vaut de tiers de temps*, lorsque la mesure est composée (solfége nos 6, 9, 11, etc.).

94. Pour mesurer les silences, nous faisons recourber vivement les doigts en tabatière contre la paume de la main, *autant de fois que le silence vaut de temps*, lorsque la mesure est simple; ou *autant de fois qu'il vaut de tiers de temps*, lorsque la mesure est composée.

95. Dans la deuxième classe, nous mesurons de la même manière; seulement, toutes les fois que nous rencontrons soit des notes, soit des silences valant un demi temps ou un demi tiers de temps, selon que la mesure est simple ou composée, nous dessinons en l'air ou recourbons les doigts *moitié plus vite*, ainsi que les exercices de mesure nous auront préalablement appris à le faire.

96. Cependant il sera bon de faire répéter la deuxième classe une seconde fois, en faisant prendre aux élèves l'habitude de battre la mesure à la manière ordinaire afin qu'en arrivant à la troisième classe ils y soient tout préparés.

97. Quant aux solféges de la troisième et quatrième classe, ils doivent tous être solfiés en battant la mesure selon l'usage.

98. Lecture mesurée sans intonation. — N'oublions pas de dire qu'avant de les solfier, nous faisons lire *sans chanter*, tous les solféges de la méthode qui peuvent paraître un peu difficiles sous le rapport rhythmique. Dans les deux premières classes, cette lecture préparatoire se fait en dessinant en l'air, et dans les deux dernières, en battant la mesure avec les mouvements usités généralement.

99. Formules rhythmiques. — La disposition du scandé dans les valeurs de notes de nos formules a été combinée de manière à fournir pour la quatrième classe, quelques formules rhythmiques dont nous avions besoin. On voit ici une fois de plus, que dans tout notre enseignement nous nous conformons, autant que possible, à la règle qui veut que *la connaissance des choses précède celle des signes*, d'après ce principe: *la pratique avant la théorie.*

100. Entrain communiqué par les formules. — Ajoutons que pendant toute la durée de la première classe, la vivacité et l'entrain des formules animent les cours, soutiennent le zèle des élèves petits ou grands, et leur font vaincre rapidement et sans fatigue les premières difficultés d'intonation, en même temps qu'ils développent chez chacun d'eux le sentiment de la précision dans la mesure. Disons encore : que la légèreté qu'exige l'achèvement rapide des formules, assouplit de bonne heure l'organe vocal et oblige à chanter sans crier, ce qui amène tout naturellement les élèves à changer de registre à la hauteur voulue par le diapason de leur voix.

101. Tableaux destinées aux études rhythmiques. — Il faudra s'occuper fréquemment des tableaux d'étude de la mesure (129). On reviendra sans cesse sur les exercices précédemment étudiés, afin de bien assurer les pas des élèves et de ne leur laisser rien oublier de ce qu'ils ont appris.

102. Difficultés rhythmiques attribuées à chaque classe. — Après ces considérations, il ne nous reste plus qu'à exposer brièvement le mode de graduation et de répartition en quatre classes, que nous avons adopté pour faire parcourir aux élèves l'échelle des difficultés rhythmiques.

Les exercices de la *première classe, destinés aux tout commençants,* ne présentent une nouvelle position de note que *de deux en deux* ou *de trois en trois temps* dans les mesures simples, et de *trois en trois tiers de temps* dans les mesures composées.

Les exercices de la *deuxième classe* offrent une nouvelle position de note *à chaque temps* dans les mesures simples ; et *à chaque tiers de temps* dans les mesures composées.

Les exercices de la *troisième classe* présentent *deux ou trois et même parfois déjà quatre notes différentes par temps.*

Enfin les exercices de la *quatrième classe* contiennent *des huitièmes, des douzièmes, et même des seizièmes de temps,* ainsi que les divisions insolites *de cinquièmes, de septièmes, de neuvièmes de temps* etc.

DICTÉES RHYTHMIQUES.

103. Préparation aux dictées rhythmiques. — Cet exercice consiste dans une suite de petites dictées de deux, trois ou quatre temps consécutifs, dont le maître exprime les combinaisons rhythmiques avec la voix parlée, c'est-à-dire, sans intonation. Les élèves répètent aussitôt la dictée sur leur main, tandis que l'un d'eux l'écrit sur le tableau.

104. Par exemple, si le professeur dit : *do‑o‑o   ré mi fa so‑ol la* (♫ ♪♫ ♩) les élèves disposent les doigts de leur main gauche successivement sous les trois aspects suivants, en même temps qu'ils répètent la dictée et qu'ils touchent à mesure leurs doigts avec l'index de l'autre main en disant :

do‑o‑o ré mi fa so‑ol   la

Puis ils ajoutent l'explication suivante en réglant leur diction sur les mouvements de main du maître : *croche pointée, double croche, deux doubles croches, croche noire.* Pendant ce temps l'élève qui est au tableau trace les signes sténographiques suivants : (   ).

105. Le dernier son d'une dictée devra souvent être regardé comme le son premier de la dictée suivante: dans ce cas, il faudra éviter de l'écrire deux fois; c'est parce que nous ne pouvons connaître la durée de cette dernière note, que nous l'exprimons provisoirement par une noire.

Lorsque plusieurs dictées ont été écrites, on fait lire l'exercice entier par toute la classe.

106. Diverses manières de faire les dictées rhythmiques. — Souvent au lieu de dicter à voix parlée, le maître solfie, vocalise ou chante sur des paroles le membre de phrase qu'il veut faire écrire.

D'autres fois encore il dicte *à la baguette*, c'est-à-dire en faisant simplement sentir le rhythme par des coups frappés avec la baguette. Dans chacune de ces sortes de dictées, les élèves doivent toujours préalablement lire sur la main avant d'écrire sur le tableau.

107. Pour réussir dans ces dictées rhythmiques, il faut être préoccupé d'une seule chose: *sentir sur quelles notes il faut donner des coups de gosier de prolongation;* ou en d'autres termes: *reconnaître le nombre de coups de gosier qu'il faut donner sur chaque note.*

On suivra pour ces dictées la graduation observée dans les tableaux d'étude de la mesure (135).

MÉTHODE

DE

MUSIQUE VOCALE.

> Ne nous faisons pas d'illusion. Le véritable obstacle qui arrête les élèves à l'entrée de la carrière, c'est la difficulté d'unir l'idée d'une intonation déterminée au signe qui la représente; que ce signe soit un chiffre ou une note, la difficulté est la même. *(G. Héquet)*

108. Etude préparatoire de l'air type et des formules. — Lorsque notre enseignement s'adresse à des adultes, le professeur peut faire précéder l'étude de l'air type de quelques considérations sur la gamme des couleurs et la gamme des sons(1). Lorsque, au contraire, nos leçons s'adressent à des enfants, il procédera immédiatement à l'étude du type.

109. Il prévient donc les élèves qu'il va leur enseigner par cœur un très petit air, qui, fragmenté d'une certaine manière, leur fournira *une petite chanson* pour chaque note de la gamme; c'est-à-dire sept formules ou pierres de touche propres à servir de criterium pour faire reconnaître ou trouver tous les sons d'un air quelconque: soit qu'il soit écrit et qu'on ait à le chanter: soit qu'il soit chanté et qu'on ait à l'écrire.

110. Alors le maître écrit en grosses notes le type sur le tableau de la manière suivante :

Puis, montrant les notes sur le tableau et frappant deux coups de baguette par groupe, il solfie et fait solfier ainsi qu'il suit:

Les petites notes indiquent celles qui doivent être chantées par le maître. et les grosses, celles qui doivent être chantées par les élèves.

111. Ici se présente naturellement l'occasion d'enseigner quelques principes de musique, savoir: Les notes, la portée, la clé de sol, enfin ce que l'on entend par lignes supplémentaires, sons graves, sons aigus, sons du medium, etc. Comme nous l'avons dit (58), chacune de ces choses devra être éclaircie et développée selon l'âge et l'intelligence des élèves.

112. Dans tous les cas, il doit être bien entendu, que le professeur, pour l'explication des principes de musique, devra saisir, comme nous venons d'en donner un exemple, toutes les occasions qui permettent d'exposer la théorie après la pratique.

113. Etude de la clé de sol.—Tandis que de temps en temps il laissera reposer la voix des élèves, le professeur leur enseignera à lire sur la clé de sol en leur montrant le type écrit comme plus haut (110) et leur faisant dire à tous ensemble Sur la première ligne supplémentaire! *do.*—Sous la première ligne! *ré.*—Sur la première ligne supplémentaire! *do.*—Sur la première ligne! *mi.*—Entre la première et la deuxième! *fa.*—Puis, continuant ainsi, il leur enseignera à lire toutes les notes du type depuis la première jusqu'à la dernière. Les élèves répéteront cet exercice jusqu'à ce qu'ils le sachent parfaitement par cœur.

Ces mêmes formules présentées à l'octave supérieure aideront les élèves à achever l'étude de la clé de sol.

114. Etude de la clé de fa.—Si nous faisions étudier la clé de fa par les mêmes procédés qui nous ont servi à apprendre la clé de sol, nous verrions bientôt la confusion s'introduire dans la mémoire des élèves, et non-seulement ils auraient la plus grande peine à apprendre la nouvelle clé, mais bientôt ils *désapprendraient* la première. Afin d'éviter cet écueil, nous avons cherché à impressionner la mémoire par un autre moyen, et nous avons choisi un procédé, d'ailleurs bien connu, et qui consiste à étudier les notes en les faisant toucher sur la main dont les cinq doigts servent à figurer une portée.

115. Le professeur touche sur sa main des exercices analogues au suivant et les élèves touchent sur la leur chaque position de note indiquée.

Les notes blanches sont celles que le maître prononce et les noires celles que les élèves doivent savoir nommer.

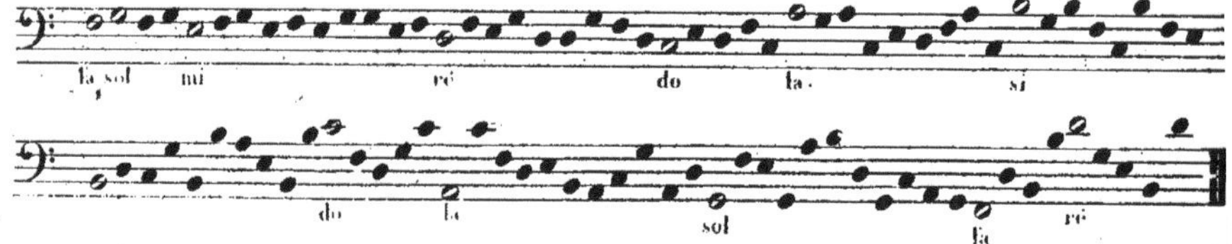

116. Lorsque le type est bien su, on enseigne aux élèves à le fragmenter de la manière suivante:

Pour enseigner cette nouvelle manière de dire le type, le maître le chante seul une ou deux fois, puis les élèves répètent avec lui d'abord, puis enfin sans son aide.

117. Etude des signes des formules. Alors le maître trace, de la manière suivante, les formules au-dessus de l'air écrit sur le tableau.

Le *si do* d'en bas s'indique en dessinant en l'air le signe au-dessous du niveau sur lequel on a dessiné tous les autres.

Puis il fait chanter et enseigne à dessiner les formules, en les traçant en l'air lui-même, mais de la main gauche, afin que ses mouvements de main soient faits dans la même direction que ceux des élèves.

118. Arrivés à ce point, les élèves sont en possession de leur premier instrument de travail: il ne leur reste plus qu'à apprendre à l'employer habilement, afin de pouvoir l'utiliser bientôt. Pour cela, le maître doit rendre les élèves capables d'entremêler ou transmuter les formules de toutes les manières.

119. Transmutation des formules.—Le premier exercice, pour se mettre en voie d'atteindre ce but, consiste à répéter le type d'une manière alternative ou dialoguée: le maître solfiant successivement la première note de chaque formule et les élèves répondant à chaque son du maître par l'achèvement de la formule dont ce son est l'initial. Exemple:

120. Après cette répétition du type, le maître continuera à interroger ainsi les élèves, mais alors en transmutant les formules de toutes manières. Exemple:

Les élèves doivent avoir soin de bien dessiner les formules par lesquelles ils répondent aux interrogations du maître.

121. Faire interroger par les élèves.—Bientôt ce sont les élèves eux-
qui tour à tour, et sans quitter leur place, interrogent leurs émules, en solfi
leur gré n'importe quelle note dont ils doivent aussitôt dire la formule.

122. Dictée des sons.—Si, au lieu de solfier, on vocalise le son par l
on interroge les élèves et qu'on les oblige à solfier en réponse la formule d
son est l'initial, ils seront presque immédiatement amenés à reconnaître les
la dictée. Exemple:

123. Etude du type en mineur.—Lorsque les élèves auront acquis une
taine habileté dans les exercices précédents, on écrira sur le tableau le type
mineur, c'est-à-dire modifié par l'abaissement du *mi* et du *la* et auquel on a
une nouvelle formule: celle du *si* baissé, que l'on dessinera en traçant en
une ligne horizontale la main sur champ, c'est-à-dire le creux de la main tou
en dehors, afin de ne pas confondre avec la formule du *sol* qui se dessine aussi
la même direction, mais en coupant l'air, c'est-à-dire avec le creux de la main tou
vers la terre.

Puis on fera chanter ce nouveau type comme il suit et en dessinant toujours:

124.

Lorsque les élèves savent dessiner et solfier ainsi le type mineur, le maître les i
terroge ou les fait interroger à peu près de cette manière:

125. Dictée des sons. — Ensuite le maître, au lieu de solfier le premier son des formules, le vocalise et exige que les élèves reconnaissent ce son et en solfient et dessinent la formule. Exemple:

126. Tout ceci n'est point difficile et devient bientôt un badinage pour la majorité des élèves. Cependant, qu'on y fasse bien attention! *rien n'est plus concluant en faveur de notre méthode!* Car l'élève qui est arrivé à chanter sans hésitation les formules, quel que soit leur ordre de succession, *sait solfier tous les intervalles que l'on peut faire entendre avec les notes d'une même tonalité.*
C'est ce que l'application de nos principes à l'étude des solféges de la méthode va bientôt démontrer.

127. Nous ne prétendons pas cependant avoir découvert dans nos formules un guide capable de garantir les élèves de toute chute; mais c'est précisément à la facilité avec laquelle ils se relèvent après être tombés, que l'on peut apprécier la valeur du secours mis à leur disposition.

128. Ici se terminent les études préparatoires de la première classe. Après que les élèves les auront pratiquées durant trois ou quatre leçons au plus, on les fera passer à l'étude du tableau général des types et en même temps à celle des solféges de cette classe.

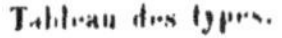

EN MAJEUR.

•				⌢	\			—	(		/	
DO	RÉ	*do*	MI	FA	*mi*	*do*	SOL	LA	*sol*	SI	*do*
RÉ	MI	*ré*	FA	SOL	*fa*	*ré*	LA	SI	*la*	DO	*ré*
MI	FA	*mi*	SOL	LA	*sol*	*mi*	SI	DO	*si*	RÉ	*mi*
FA	SOL	*fa*	LA	SI	*la*	*fa*	DO	RÉ	*do*	MI	*fa*
SOL	LA	*sol*	SI	DO	*si*	*sol*	RÉ	MI	*ré*	FA	*sol*
LA	SI	*la*	DO	RÉ	*do*	*la*	MI	FA	*mi*	SOL	*la*
SI	DO	*si*	RÉ	MI	*ré*	*si*	FA	SOL	*fa*	LA	*si*

Exercices journaliers. — Ces exercices devront être faits à chaque leço[n]

1er EXERCICE. — Après que les élèves ont répété un type, le maître pose la bague[tte]

2e EXERCICE. — Le maître solfie une note quelconque, les élèves répètent cette n[ote]

3e EXERCICE. — Le maître vocalise une note et les élèves en solfient la formule.

Bientôt le professeur abandonne les trois exercices

4e EXERCICE. — Les élèves chantent une ou plusieurs des portées ci-dessous, en[...] par minute).

5e EXERCICE. — Les élèves répètent les mêmes portées aussi vite que possible (en[...] *formule, c'est-à-dire la note qui est écrite en ayant toujours soin de penser à s*[...]

6e EXERCICE. — Les élèves ne solfient plus ces exercices en dessinant, mais ils les[...] rhythmiques suivantes :

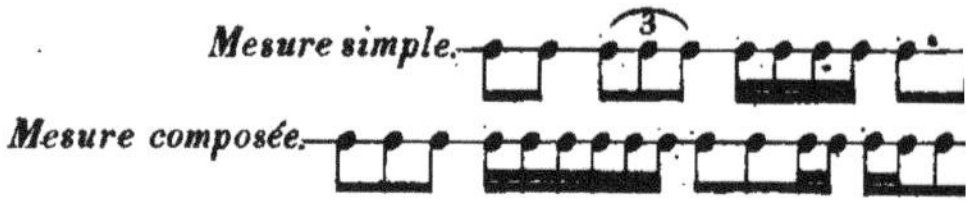

7e EXERCICE. — Habituer les élèves à exécuter ces exercices en vocalisant ou en[...]

Lorsqu'une formule est trop grave il faut en rejeter la dernière note[...]

On retourne le livre pour[...]

Afin de varier ces exercices, on peut aussi les[...]

Cette manière a l'avantage de faire chanter en descenda[nt...]

EN MINEUR.

•				⌣	\			—	▬	)		/	
DO	RÉ	*do*	MI	FA	*mi*	*do*	SOL	SI	LA	*sol*	SI	*do*
RÉ	MI	*ré*	FA	SOL	*fa*	*ré*	LA	DO	SI	*la*	DO	*ré*
MI	FA	*mi*	SOL	LA	*sol*	*mi*	SI	RÉ	DO	*si*	RÉ	*mi*
FA	SOL	*fa*	LA	SI	*la*	*fa*	DO	MI	RÉ	*do*	MI	*fa*
SOL	LA	*sol*	SI	DO	*si*	*sol*	RÉ	FA	MI	*ré*	FA	*sol*
LA	SI	*la*	DO	RÉ	*do*	*la*	MI	SOL	FA	*mi*	SOL	*la*
SI	DO	*si*	RÉ	MI	*ré*	*si*	FA	LA	SOL	*fa*	LA	*si*

. possible, sur tous les types majeurs et mineurs.

orte quelle note écrite en majuscule et en fait solfier et dessiner la formule entière.

fient la formule en dessinant.

ar ne plus s'occuper que des exercices suivants.

essinant la formule de chaque note le plus vite possible. (arriver à environ 88 formules

tes par minute) en dessinant et en solfiant *seulement la première note de chaque*

battant la mesure à deux, à trois ou à quatre temps, sur les diverses combinaisons

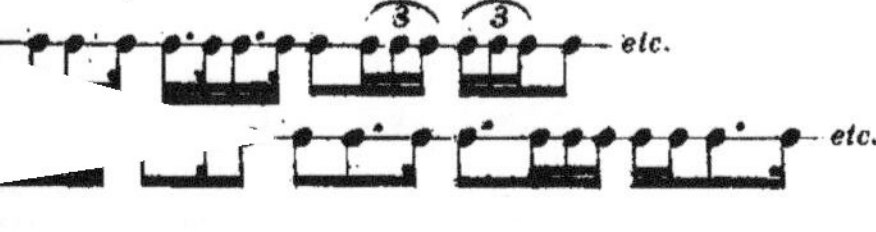

paroles connues.

ieure : ex.

les exercices en clé de fa.

ulons c'est-à-dire de droite à gauche.

rvalles qu'on vient de chanter en montant et vice versa.

PREMIÈRE CLASSE.

Exercices.

SIGNES CONVENTIONNELS. {
Le signe: ♯ indique une note haussée par un ♯ ou par un ♮.
Le signe: ♭ indique une note baissée par un ♭ ou par un ♮.
Le signe: ✕ indique une note haussée par un ♯ ou par un ✕ (double dièse)

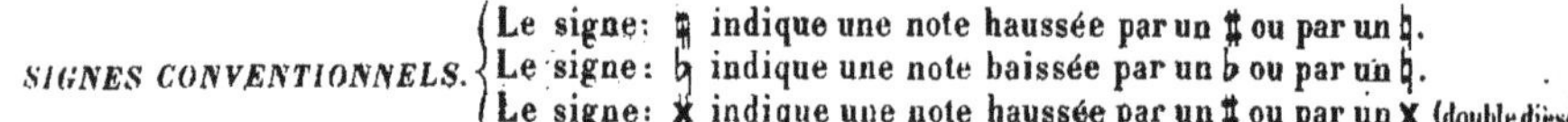

1.

2.

3.
Dessiner une fois chaque noire.
4.
Dessiner une fois chaque blanche.

5.
6.
Dessiner une fois chaque croche.

Dessiner une fois chaque noire.

Dessiner une fois chaque croche.

11.

Dessiner une fois chaque ronde.

12.

13.

14.

Petits airs avec paroles.

SOLEIL COUCHANT.   Poésie de A. de Lamartine.

Allegro ($\bullet$ = 132).

où par_ta _ geant son cours L'astre du ma _ tin

qui dé _ cli _ ne Sem.ble pré_ci_pi_ter son cours.

LES BRUITS DU SOIR.   Poésie de A. de Lamartine.

Andante ($\bullet$ = 132).

_ du _ es, Le bruit lointain des chars gé_mis_sant sous leurs poids

Et le sourd tin_te _ ment des clo _ ches sus _ pen
Et le sourd tin_te_ment des cloches suspen
_du _ es Au cou des che_vreaux dans les bois
_du _ es Au cou des che _ vreaux dans les bois
SÉJOUR DE PAIX.
Poésie de A. de Lamartine.
Moderato (♩ = 72).
Ten _ tes du ciel, E _ dens, Tem
Ten _ tes du ciel, E _ dens, Tem _
_ples, bril _ lants pa _ lais! Vous ê _ tes
_ ples, bril _ lants pa _ lais! Vous ê _ _ tes
un sé _ jour d'in_no _ cen _ ce et de paix.
un sé _ jour d'in_no _ cen _ ce et de paix.

DEUXIÈME CLASSE.

Exercices.

Andante (♩ = 100).

18.

Allegretto (♪ = 104).

19.

Allegro (♩=112).
20.
Adagio (♩=144).
21.

Andante (♩ = 88).
22.
Andante con moto (♪ = 84).
23.

Andantino (♪=120).
24.
Adagio (○=72).
25.

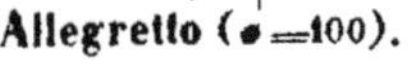
Allegretto (♩ =100).

26.

Larghetto (♪ =152).
27.

Allegro moderato (♩ = 84).
28.
Moderato assai (♩. = 72).
29.

Andantino (♩.=50).
Allegro (♪=120).

Petits airs avec paroles.

LE DERNIER SÉJOUR. Poésie de A. de Lamart[ine]

Adagio.

31.

PRIÈRE DU MATIN. Poésie de Mr de Jussieu.

32.

cresc.
_mi _ re son é _ clat   Je bé _ nis   son re _ tour   Et le
p
front incli _ né   J'a_dresse ma pri _ ère au Créa _ teur du   jour.
p
front incli _ né   J'a_dresse ma pri _ ère au Créa _ teur du   jour.
LA CHASSE.
Poésie de Mr C. Bauquier.
Allegro.
34.
Voi _ ci   le jour, la   meute   a _ boie,   On en_
Voi _ ci   le jour, la   meute   a _ boie,   On en_
_tend   le fouet des pi _ queurs;   En chas _ se,   en
_tend   le fouet des pi _ queurs,des piqueurs; En   chas _ se,   en
chasse avant qu'on voie   Le so _ leil dorer les hau _ teurs.
chasse avant qu'on voie   Le so _ leil dorer les hau _ teurs.

Etude méthodique des modulations. — Le professeur parcourt à l[a]
les formules entières des signes qu'il désigne. Exemple :

Si le professeur a désigné le groupe : 

Après avoir fait solfier ces exercices comme ils sont écrits, on les fera transpose[r]

Les signes noirs indiquent les

Les queues de notes placées au milieu des signes indiquent des notes altérée[s]
si la que l'on doit dessiner ainsi en l'air : ━ ▌, c'est-à-dire la mai[n]

MO

TABLEAU SYNOPTIQUE DES MODULATI
À PARTIR DES SEPT NOTES D[

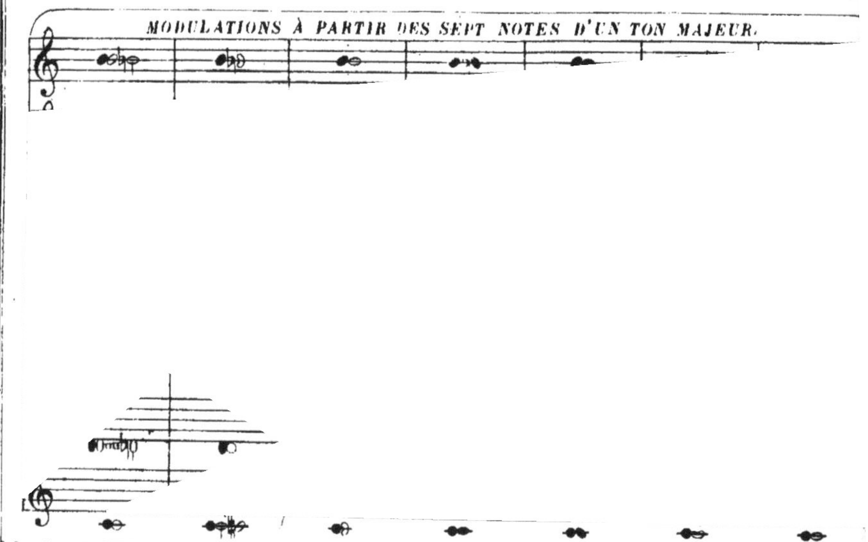

Exercices journaliers. — Après l'étude sur le tableau précédent, le professe[ur]

Si le professeur désigne les groupes :  les élèves doivent dessiner e[t]

Ces exercices devron[t]

LASŠE.

...bleau suivant en lignes verticales, horizontales et diagonales, et fait dessiner et solfier

...ent solfier et dessiner : ainsi de suite.

...dire solfier dans n'importe quel ton majeur ou mineur.

...r et les blancs celles en mineur.

...Par exemple, en *la* mineur ♉ ♉ indiquent les formules *sol fa mi sol la* et

...r ▬, et la main à plat pour ▌, comme pour tracer un large sillon dans l'air.

...EUR
...ES SEPT TONS LES PLUS VOISINS
...AJEUR OU D'UN TON MINEUR.

...r et solfier chaque jour quelques portées des exercices suivants :

ou mieux encore par ellipse ou contraction : ainsi de suite.

...sés à vue dans tous les tons.

TROISIÈME CLASSE.

Exercices.

Sostenuto ($\d=69$).

35.

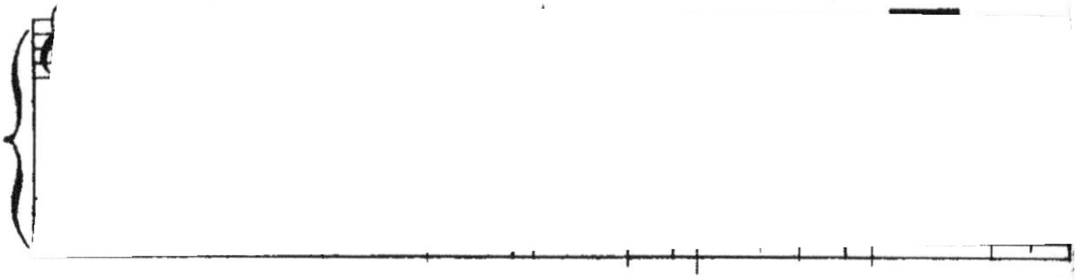

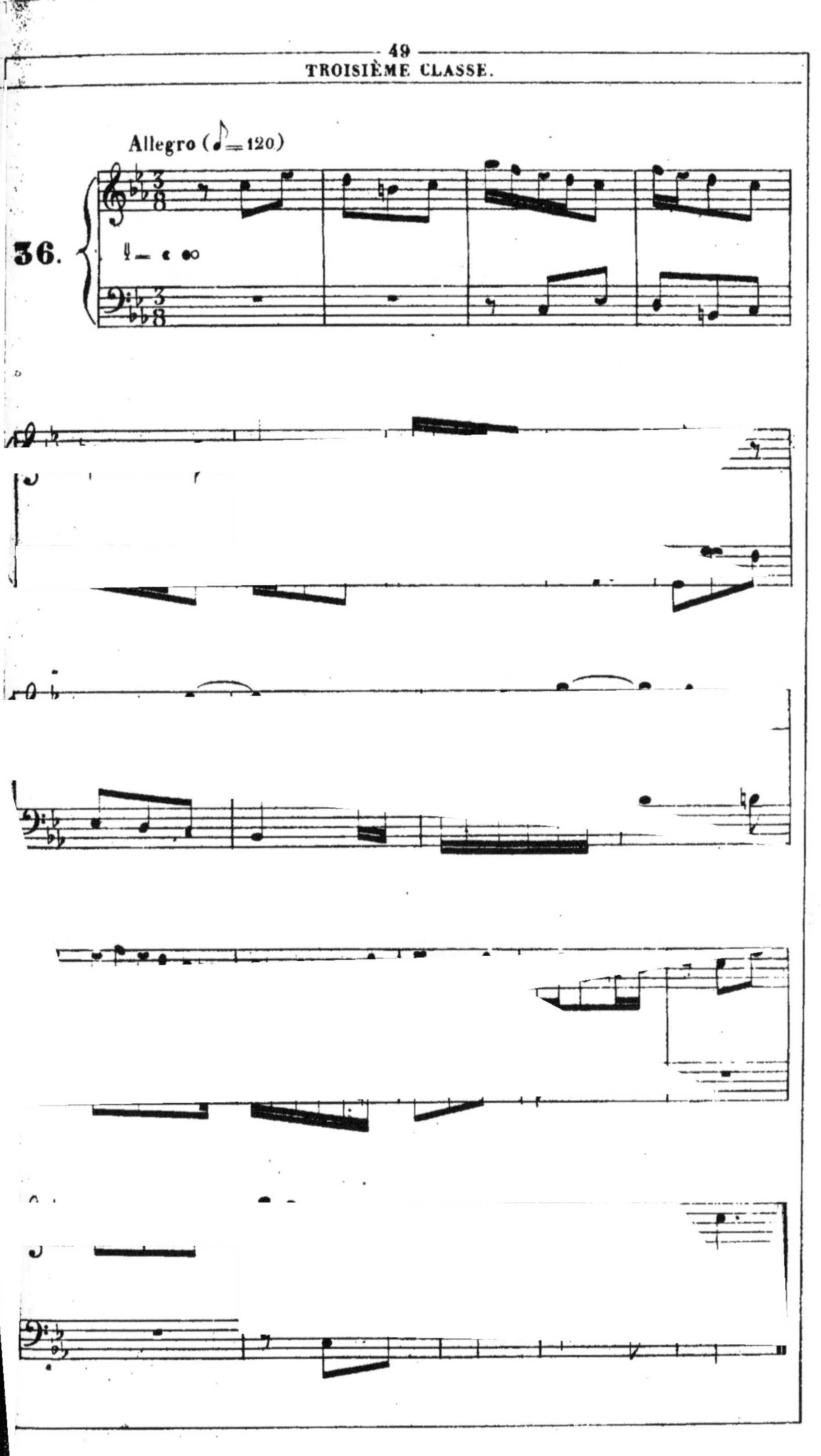
Allegro (♪ = 120)
36.

Allegro deciso (♩=144)
37.
Bezozzi.

TROISIÈME CLASSE.

Allegro.

39.

Andante quasi allegretto.
40.

Moderato.
41.

Allegretto.

Allegretto.

43.

Allegro.
44.

Allo ma non troppo.

45.

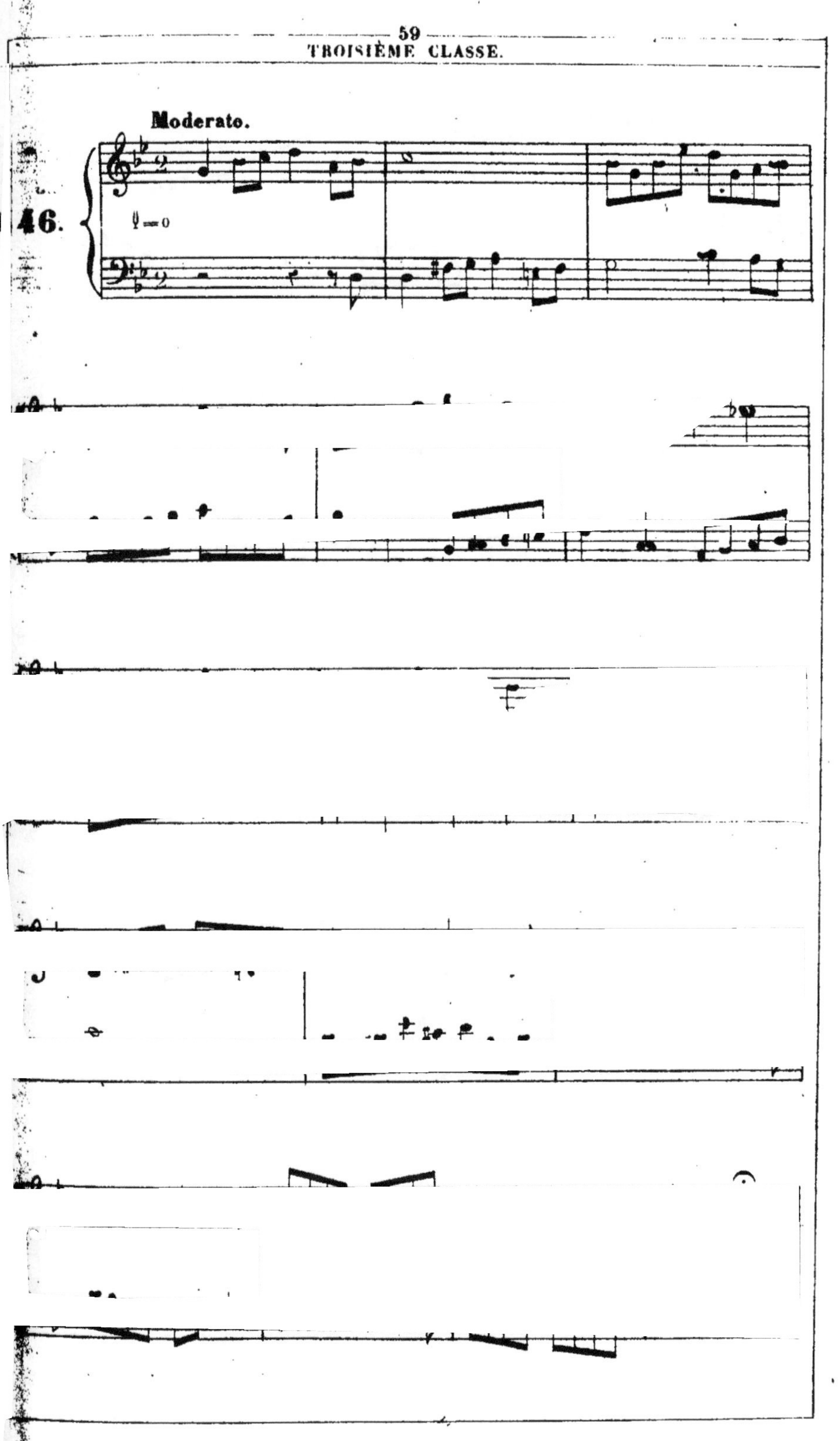
Moderato.
46.

Allegretto.
47.

TROISIÈME CLASSE.

Allegro.

49.

Johannès Wéber

Allegro marcato.

50.

TROISIÈME CLASSE.

Tranquillo.
51.

Petits airs avec paroles.

MARIE LEVEZ-VOUS.   Poésie de Ronsard.

Gracioso.

52.

L'AUTOMNE.

Poésie de Mr N. Martin

Allegro ben marcato.

53.

L'INFINI.

Poésie de A. de Lamartine.

Tableau de la 4ᵉ classe.

Etude méthodique des altérations accidentelles. — Le professeur par
solfier de la manière suivante les groupes qu'il désigne. — **Répéter les exercices à**

Les signes placés en dehors de la portée indiquent les formules fictives auxquelles il fau
ce moyen en se rendant capables

Les signes noirs indiqu.

MO

TABLEAU SYNOPTIQUE DES MODIFICATIONS ACCIDENTELLES QUI PEUVENT AL

MODE MAJEUR.

Exercices journaliers. — Après l'étude sur le tableau précédent le professe

EXERCICES EN MAJEUR.

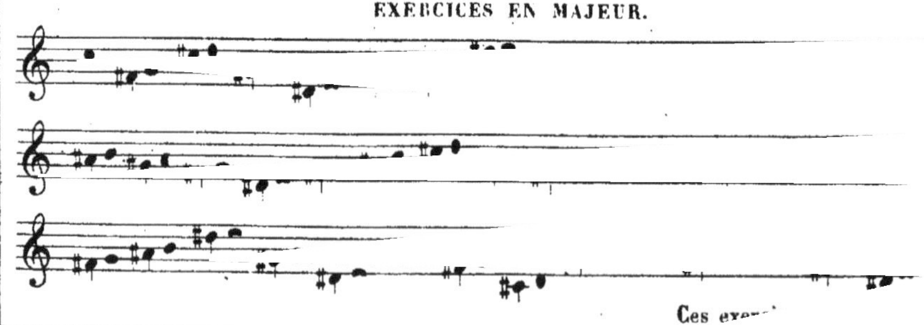

Ces exe

LASSE.

tableau suivant en lignes verticales, horizontales et diagonales et fait dessiner et
le tableau dans tous les tons majeurs et mineurs.

rement les notes altérées qui suivent. Mais les élèves doivent le plus tôt possible abandonner
que le troisième exemple ci-dessous.

ou mieux encore
par ellipse:

blancs celles en mineur.

UR

EMENT CERTAINES NOTES D'UNE GAMME MAJEURE OU MINEURE.

MODE MINEUR.

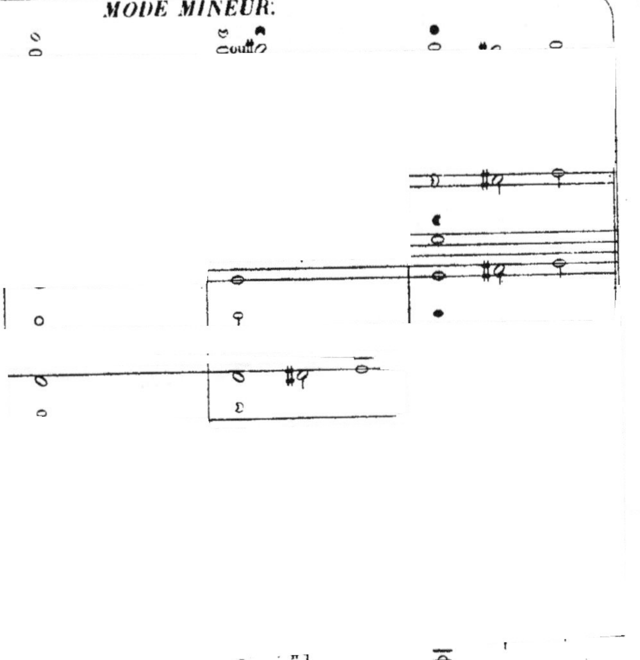

solfier chaque jour quelques portées des exercices suivan's.

EXERCICES EN MINEUR.

QUATRIÈME CLASSE.

Exercices.

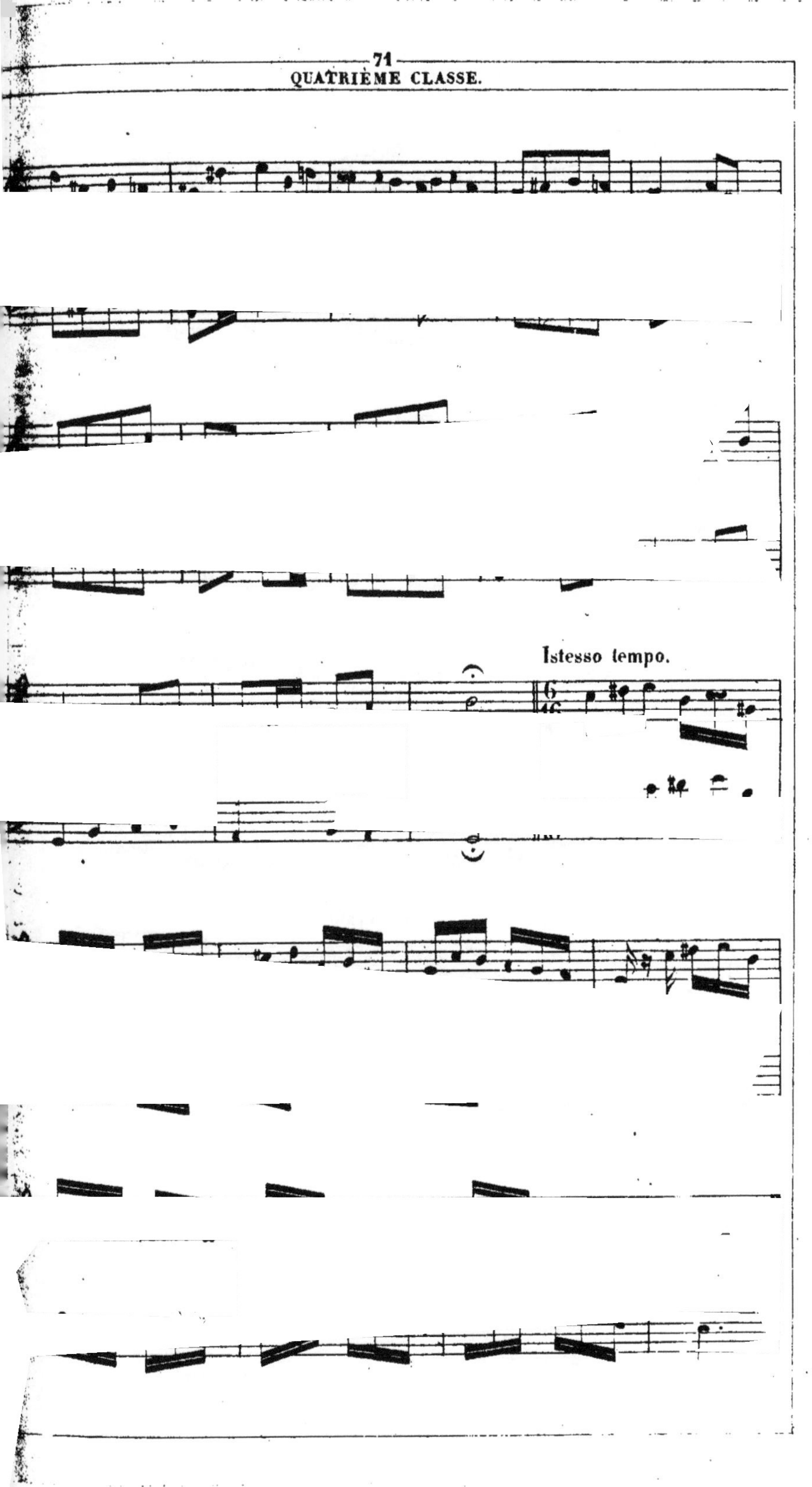
Istesso tempo.

QUATRIÈME CLASSE.

Allegro.
Istesso tempo.

Andante.
57.
Grave.
58.

QUATRIÈME CLASSE.

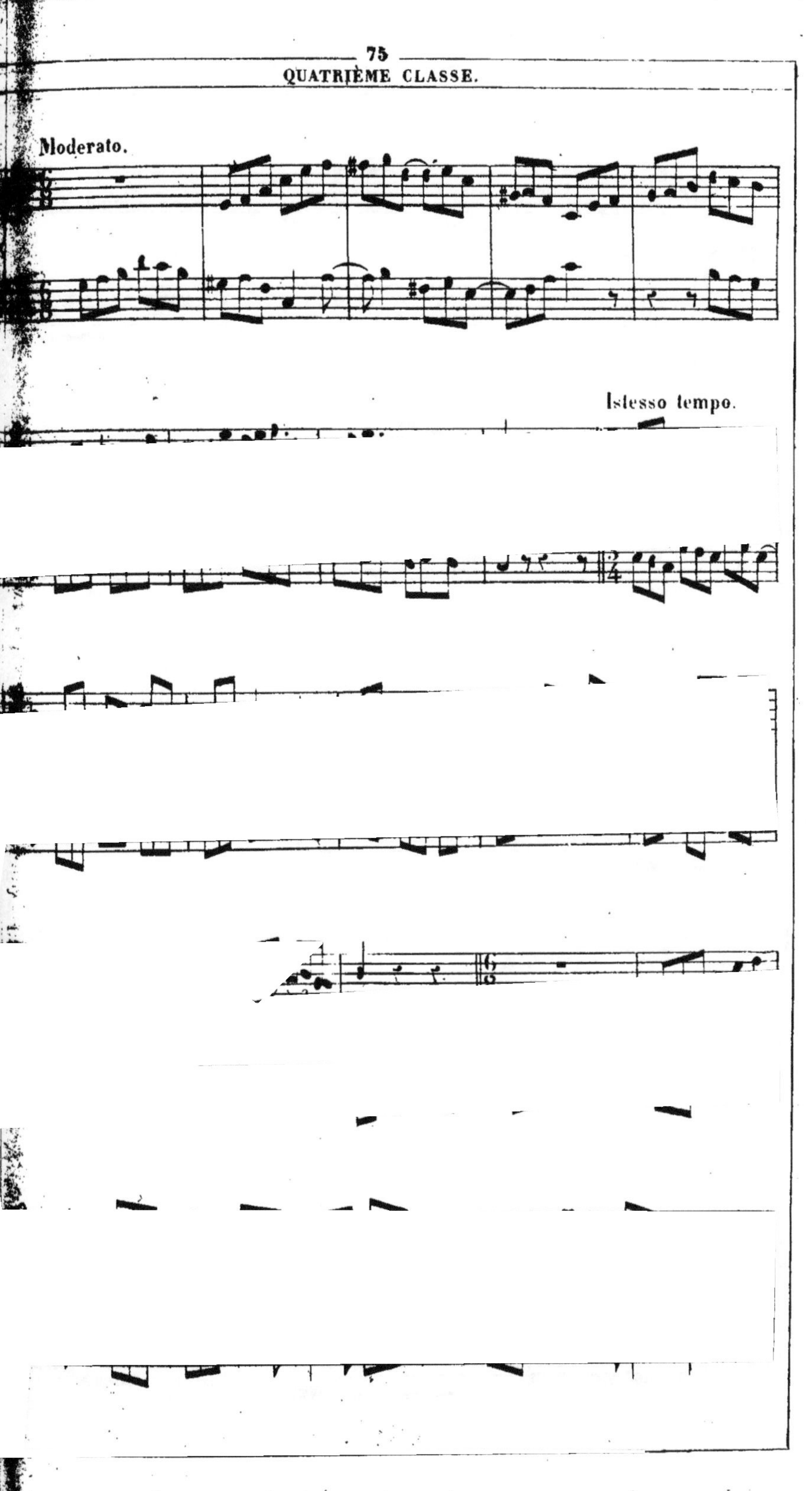

Adagio.
59.
Andante.
Allegretto.

QUATRIÈME CLASSE.

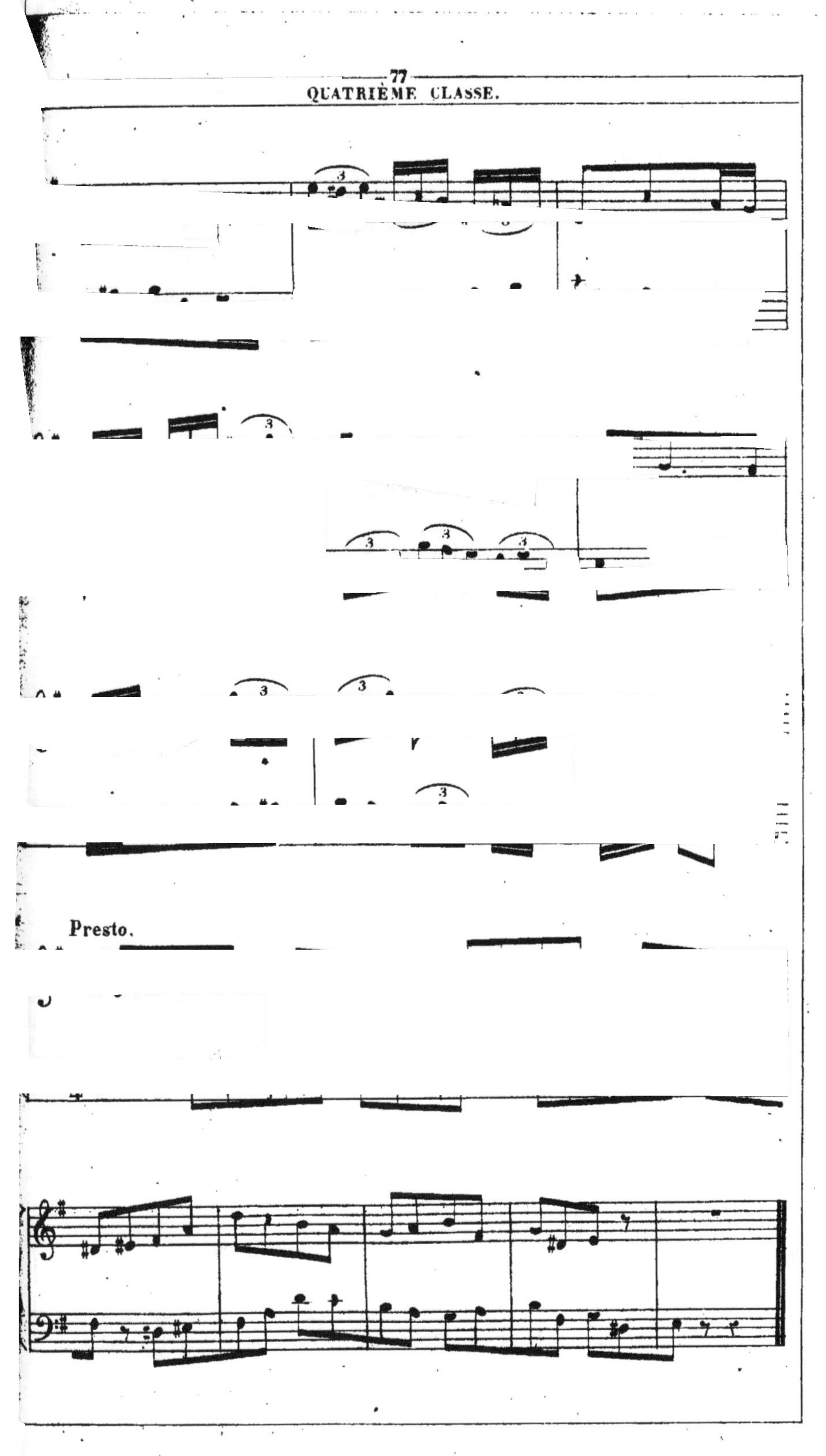

Allegro vivo.
60.

Demersman.
FUGHETTA.
61.

STRETTA.

Andante.
32.
Allegro.

Moderato.
3.

Simi
Allegro con fuoco.
64.
f
f
= o
Moderato
p con anima.
p

Tempo 1º.
f
f
2º tempo.
p con espress.
p
1ª
2ª

QUATRIÈME CLASSE.

pp
p
mf
mf

cre _ scen _ do.
f
f
de _ _ cre _
_ scen _ _ _ do.
p
ppp

FUGHETTA.
66.

QUATRIÈME CLASSE.

Petits airs avec paroles.

PRIÈRE DU SOIR.   Poésie de Mr de Jussieu

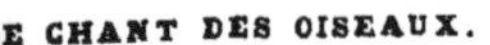

LE CHANT DES OISEAUX.   Poésie du P. de Latour.

Allegretto.

LE DÉPART DE L'HIRONDELLE.   Poésie de Mr Van Hasselt.

bel _ le Vous aus _ si Quel vide ô mon Dieu va se fai _ re Dans ces
Vous aus _ si Quel vide ô mon Dieu va se fai _ re Dans ces
_ tez vous aus _ si Quel vide ô mon Dieu va se fai _ re Dans ces

lieux Sans elle et sans vous ô ma chè _ re Sans vous
lieux Sans elle et sans vous ô ma chè _ re Sans vous
lieux Sans elle et sans vous ô ma chè _ re Sans vous

deux Sans elle et sans vous ô ma chè _ re Sans vous deux.
deux Sans elle et sans vous ô ma chè _ re Sans vous deux.
deux Sans elle et sans vous ô ma chè _ re Sans vous deux.

H. Poëncet.

ÉTUDES RHYTHMIQUES.

MESURES SIMPLES.

129. Division naturelle des durées. —Les durées se divisent naturellement
en notes et silences valant *un temps*. (Unités de temps).
en notes et silences valant *plus d'un temps*. (Multiples d'un temps).
et en notes et silences valant *moins d'un temps*. (Sous-multiples d'un tem

130. Pour apprécier une dimension, il faut la mesurer en la comparant à une mes
conventionnelle égale ou plus petite, servant d'étalon.

Par exemple: de même que l'espace d'une heure se mesure par la durée de tem
qu'on nomme *une minute*, et l'espace d'une minute par celle d'une *seconde,*
même aussi un morceau de musique se mesure par la durée de temps qu'on nomm
une mesure, et la durée d'une mesure par celle qu'on nomme *un temps*.

131. Signes manuels représentatifs des durées. — Certains signes manu
représentant les fonctions tonales nous aident puissamment à acquérir l'intonation.

Certains signes manuels représentant les durées vont également nous faciliter l'
tude du rhythme.

132. Ainsi, la main ou les doigts ouverts seront le signe représentatif des note
et la main ou les doigts fermés celui des silences

**133. Étude des durées d'un temps servant d'étalon pour mesurer le
notes valant plus d'un temps (multiples d'un temps).** —Le professeur pré
sente aux yeux des élèves une main ouverte plusieurs fois de suite, à peu près dan
le mouvement de 60 à la minute, en prononçant chaque fois un nom de note de l
gamme ascendante. Exemple.

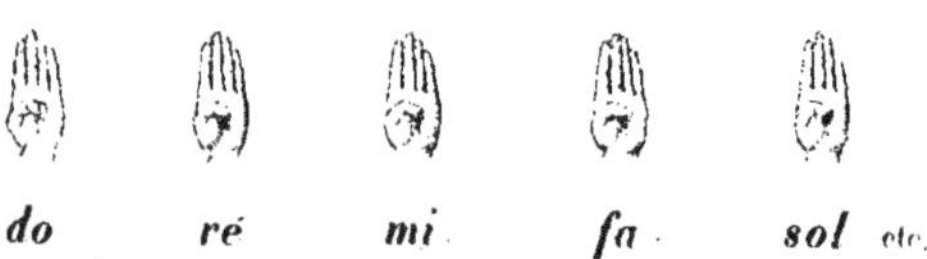

134. Puis le professeur fait répéter le même exercice aux élèves, et leur apprend
que la main ouverte sera le signe de l'unité de temps (la noire) c'est-à-dire de la
durée qui nous servira d'étalon pour mesurer non seulement les notes valant un temps,
mais aussi celles qui sont les multiples d'un temps.

Les élèves n'abordent ces premiers exercices sur le rhythme, qu'après avoir exécuté quelques
solféges de la méthode; ils connaissent donc déjà les figures de notes: noire, blanche et ronde,
ainsi que la signification du mot temps.

. **Exercices préparatoires à exécuter avant de mettre sous les yeux** **élèves le tableau suivant.** — Ces exercices ont pour but de faire connaître les signes usuels qui nous servent à rendre sensibles et pour ainsi dire palpables, les durées proportionnelles différentes valeurs.

professeur fait avancer les deux plus jeunes élèves en face de toute la classe, puis r dit: placez vos mains à côté l'une de l'autre de manière à figurer une me- re contenant quatre noires, c'est-à-dire quatre unités de temps.

Lorsque les deux moniteurs ont disposé leurs mains, comme on peut le voir ci-des- us, le maître touche au moins deux fois de suite les quatre mains successivement en rononçant les notes: *do ré mi fa sol la si do* etc. Exemple:

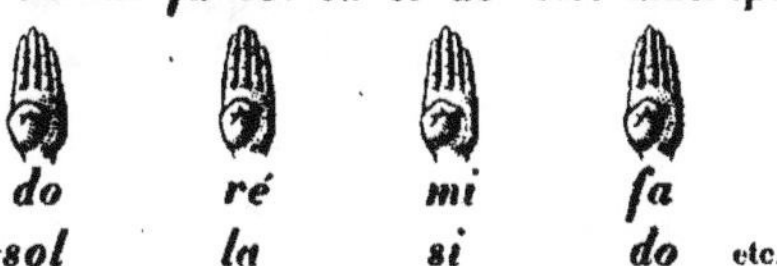

Ensuite le professeur passant à la deuxième mesure, dira aux deux moniteurs: dis- sez vos mains en les isolant et en les groupant de manière à figurer deux unités une double unité, c'est-à-dire deux noires et une blanche. Puis, touchant succes- ivement les trois premières mains et faisant une pression sur la quatrième il pro- noncera à mesure: *do ré mi_i fa sol la_a* etc. Exemple:

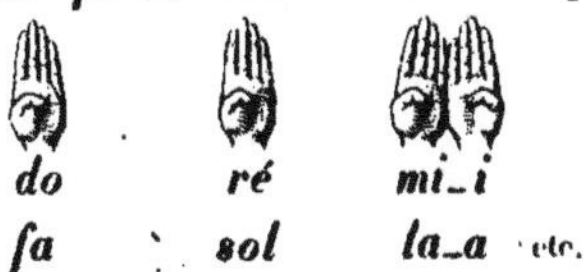

Enfin lorsque le tableau suivant aura été lu entièrement de cette manière, c'est- à-dire sur les mains et sans voir la musique, on le lira de nouveau, mais alors sur le tableau même en regardant les notes.

Toutes les études rhythmiques doivent être lues sur les noms de notes de la gamme ascen- dante: *do, ré, mi, fa*, etc.

136. Les natures timides et molles ont beaucoup de peine à acquérir toute la précision de mesure désirable; il faut, pour éveiller en eux le sentiment du cadence rhythmique, faire lire les exercices de mesure avec une certaine énergie un peu brusque et avec une voix sans intonation: le ton de la voix parlée.

Ainsi, pour lire les valeurs longues suivantes:

il faut séparer les notes l'une de l'autre et marquer chaque temps par un renflement brusque de la voix à peu près comme si cet exemple était écrit ainsi:

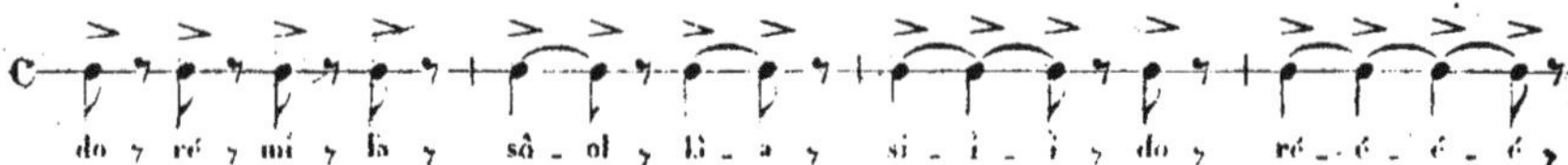

et non pas ainsi::

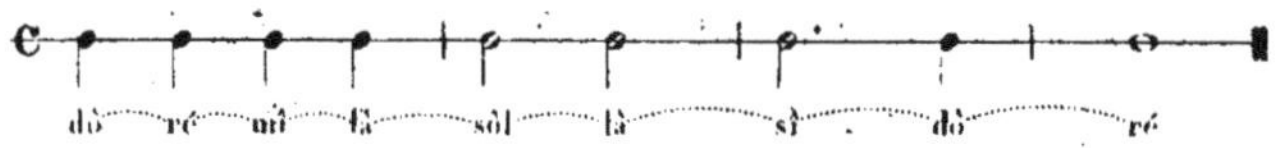

c'est à dire en traînant la voix d'une note jusqu'à l'autre d'une manière continue comme nous avons cherché à le faire comprendre par les liaisons et les accents circonflexes placés sur les notes.

137. Etude des durées valant moins d'un temps (sous-multiples d'un temps). — Selon le principe énoncé en tête de ce chapitre (129) et aussi afin que notre enseignement soit *un*, autant que possible, c'est par un procédé analogue à celui que nous venons d'employer pour apprendre à mesurer les durées depuis la noire jusqu'à la ronde, que nous allons enseigner à mesurer les durées depuis la double-croche jusqu'à la noire.

138. En effet, de même que nous avons divisé chaque mesure en quatre quarts (quatre noires), qui nous ont servi d'étalons pour mesurer les combinaisons des durées multiples d'un temps: de même, nous allons diviser chaque temps en quatre quarts (quatre doubles-croches), qui serviront d'étalons pour mesurer les combinaisons des durées sous-multiples d'un temps.

139. Exercices préparatoires à exécuter avant de mettre sous les yeux des élèves le tableau suivant. — Le professeur se place en face de ses élèves, dispose les doigts de sa main gauche comme nous le voyons ci-dessous, puis touchant successivement ses quatre doigts ouverts plusieurs fois de suite il prononce en même temps les notes *do, ré, mi, fa, sol, la, si, do*, etc.

Puis il fait répéter le même exercice par tous les élèves à la fois, ceux-ci ayant les yeux fixés sur la main du maître.

Ensuite réunissant l'index au médium et isolant l'annulaire et le petit doigt il prononce: do *ré mi_i fa sol la_a* etc. Exemple:

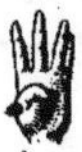

do ré mi_i
fa sol la_a etc.

Après que toutes les mesures suivantes ont été figurées et lues sur la main du maître on place le tableau sous les yeux des élèves et on en lit de nouveau toutes les mesures.

Notation analytique.
Notation usuelle.

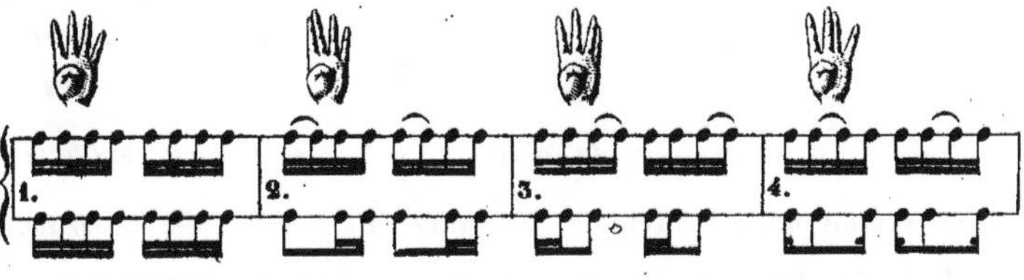
1.
2.
3.
4.

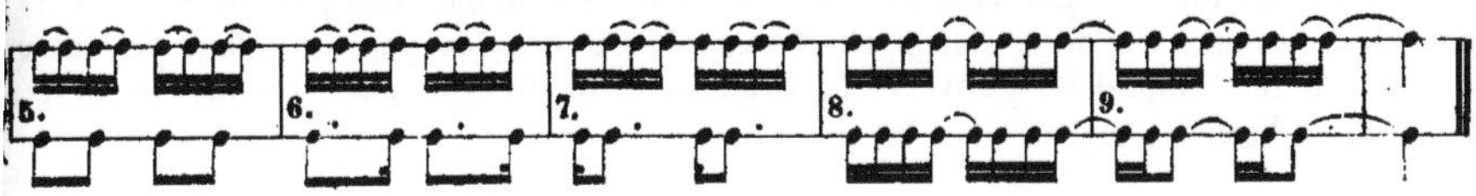
5.
6.
7.
8.
9.

140. Mêmes exercices avec des silences. — Il nous reste maintenant à enseigner à lire des exercices analogues aux précédents mais avec intercalation de silences.

Tout silence peut être regardé comme le signe *négatif* d'une note; c'est ce que nous avons cherché à exprimer par la main ou les doigts fermés, par opposition à la main ou les doigts ouverts qui expriment les sons.

Ainsi donc, toutes les fois que, dans la lecture musicale, on rencontre un silence quelconque, il faut laisser écouler, *en silence* (la bouche fermée), une durée de temps égale à celle qui serait nécessaire pour exécuter la note qui lui est équivalente et dont il est la négation.

Exercices préparatoires. — Les deux exercices qui suivent doivent être lus sur la main avant d'être lus sur le tableau. Pour faire figurer le premier exercice le maître aura recours aux deux jeunes moniteurs. Quant au deuxième exercice, c'est lui-même qui en touchera sur sa main toutes les mesures.

1er EXERCICE.

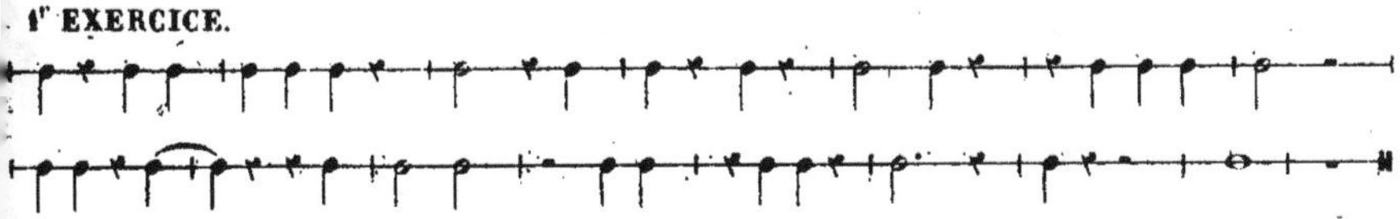

2^e^ EXERCICE.

Les queues sans têtes figurent des silences.

Notation analytique.
Notation usuelle.

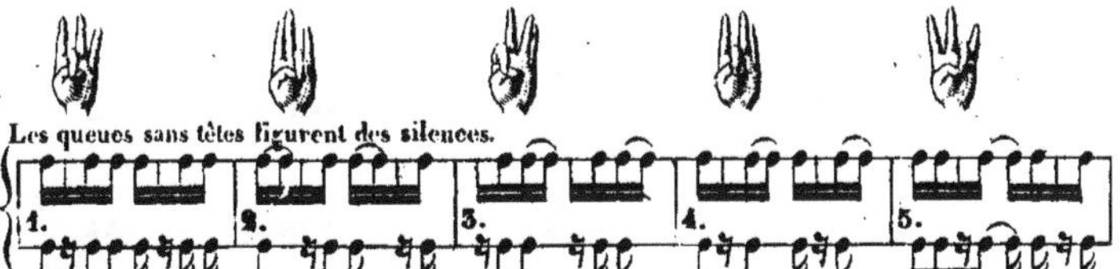
1.
2.
3.
4.
5.

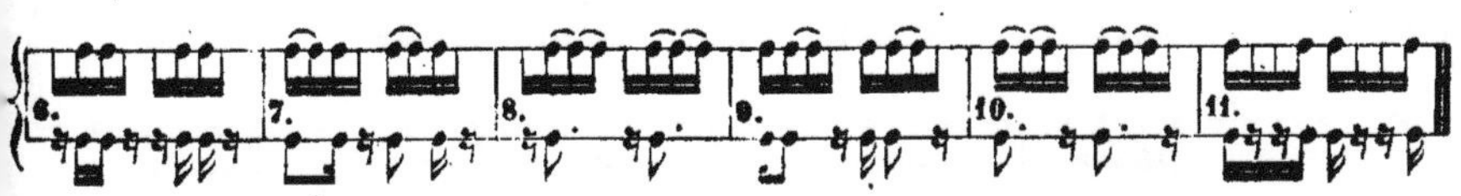
6.
7.
8.
9.
10.
11.

Maintenant que ces deux séries d'exercices ont été étudiées séparément, nous all
apprendre à les combiner entre elles.

Il suffit d'habituer les élèves à passer alternativement du rhythme régulateur d
noires au rhythme régulateur des doubles croches, et vice versa. Exemple:

Pour obtenir ce résultat, le professeur se place en face des élèves et pour leur servir
modèle, il lit sur sa main alternativement des noires puis des doubles croches successivem
et plusieurs fois de suite en présentant les doigts tantôt rassemblés, pour figurer les noires
tantôt séparés pour figurer les doubles croches. Exemple:

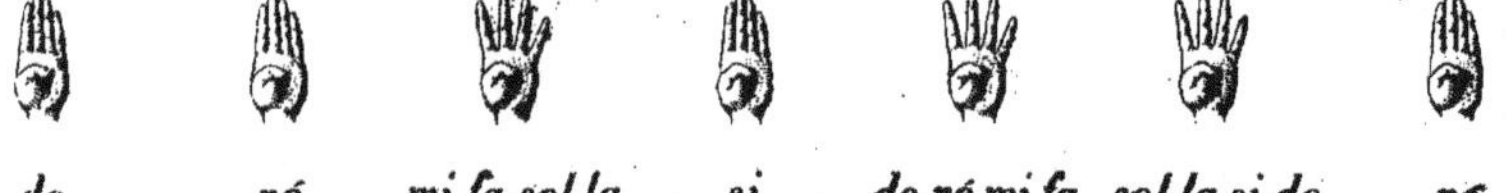

Après avoir donné l'exemple, le maître fait répéter les élèves tous à la fois.

141. Enfin, lorsque par cet exercice les élèves ont acquis une parfaite intuition d
l'effet de succession de ces deux rhythmes régulateurs, on passe à l'étude du table
suivant en tête duquel se trouve le rhythme servant de type pour l'étude de toute
les autres lignes.

RÉCAPITULATION.

142. Nous avons déjà dit que tous les exercices de mesure doivent être lus sur les noms de notes *do, ré, mi, fa,* etc. ajoutons que toutes les fois qu'on recommence une ligne, il faut partir d'une note différente, afin de changer chaque fois l'exercice et éviter, autant que possible, toute routine. C'est pour cela que nos exercices rhythmiques n'ont point été écrits sur des portées.

Tous les tableaux d'étude de la mesure doivent être lus à plusieurs reprises, d'abord simplement à la baguette: c'est-à-dire sans battre la mesure avec la main; plus tard, et lorsqu'ils sont devenus familiers aux élèves on les fait reprendre en battant chaque ligne, tantôt à deux ou trois temps, tantôt à quatre temps. C'est afin que ce changement de mesure puisse être effectué sur le même exercice, qu'ils ont tous été écrits sans barres de mesures. Chacun de ces exercices pourra aussi être commencé sur n'importe quel temps de la mesure.

143. Etude rhythmique des triples croches. — Les doigts légèrement reco[...]
indiquent la division des doubles croches en triples croches.

Exercices préparatoires. — Ces exercices devront être lus et touchés sur la main [...]
d'être lus sur le tableau.

(1) Par exception la double croche pointée suivie d'une triple croche est figurée par deux doigts placés l'un sur l'autre.

RÉCAPITULATION.

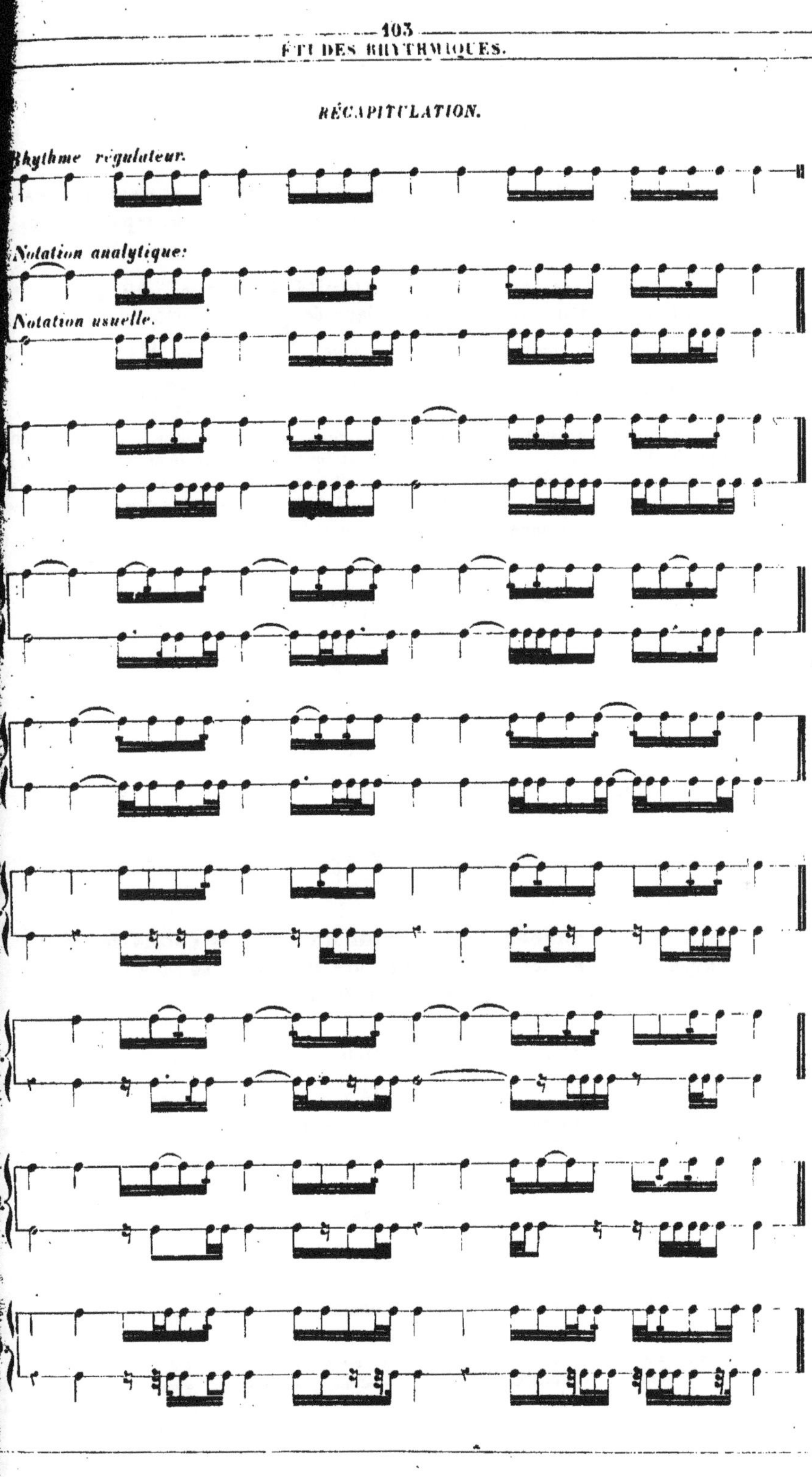

MESURES COMPOSÉES.

144. La manière d'étudier les exercices en mesures composées, étant la même que celle que nous avons employée pour les mesures simples, nous ne répèterons pas ce que nous avons dit.

145. **Étude des durées valant un temps (unité de temps) ou plus d'un temps (multiples d'un temps).**—Le signe de l'unité de temps, dans les mesures simples, étant la main entière (quatre doigts), le signe de l'unité de temps dans les mesures composées est une main et demie (six doigts).

De même que nous nous sommes servis de moniteurs, pour figurer dans la mesure à quatre temps simple les diverses combinaisons que l'on peut former avec l'unité de temps et ses multiples; de même nous pourrions employer quatre moniteurs pour figurer le premier exercice suivant: mais regardant cet expédient comme puéril dans un cours d'adultes, nous n'y avons recours que dans les leçons données aux tout jeunes enfants.

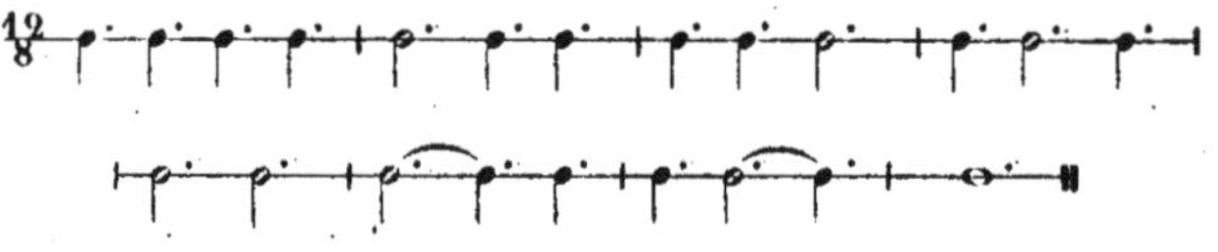

AVEC DES SILENCES.

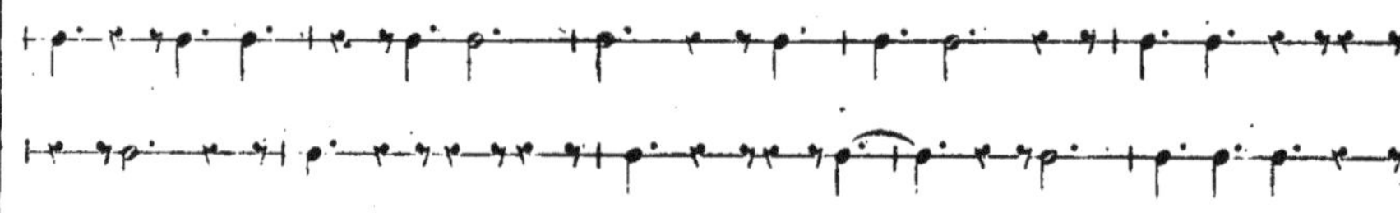

145bis. **Étude des durées valant moins d'un temps (sous-multiples d'un temps).**—Le professeur doit faire lire sur les mains les diverses coupes de temps suivantes avant de les faire lire sur le tableau.

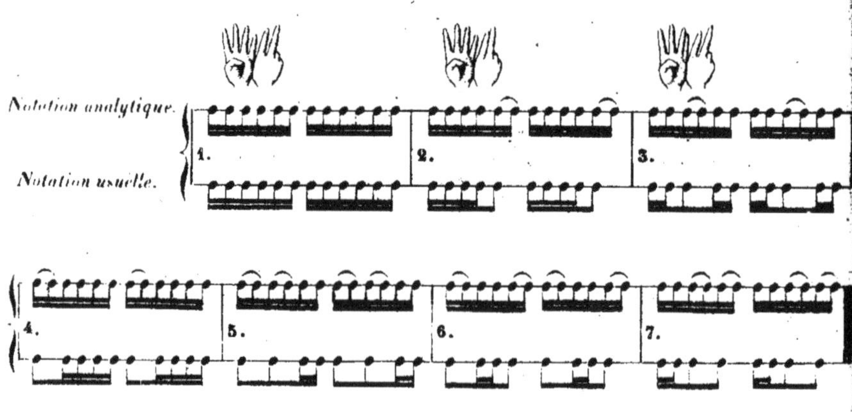

AVEC DES SILENCES.
Notation analytique.
Notation usuelle.
etc.

RÉCAPITULATION.

Etude rhythmique avec des triples croches.

146. Etude rhythmique des triolets ou trois pour deux. Lorsque nous solfions *do, ré, do,* ⬥⬥⬥ qui se trouvent dans la formule *do, ré, do,* ⬥⬥⬥ nous faisons entendre dans *do, ré,* ⬥⬥ deux doubles croches valant ensemble un demi-temps.

Lorsque nous solfions *mi, fa, mi, do,* ⬥⬥⬥ qui se trouvent dans la formule *mi, fa, mi, do,* ⬥⬥⬥ nous faisons entendre dans *mi, fa, mi,* ⬥⬥⬥ trois doubles croches valant également un demi-temps.

Toutes les fois qu'au milieu d'un rhythme à division binaire on introduit momentanément la division ternaire, il en résulte des trois pour deux appelés *triolets.*

147. Pour enseigner à lire les doubles croches en triolets, le professeur les figurera sur la main de la manière suivante, et avant de faire lire les élèves il leur donnera l'exemple en prononçant sur chaque triolet les notes *mi, fa, mi,* sur le rhythme qui leur appartient dans la formule *mi, fa, mi, do.*

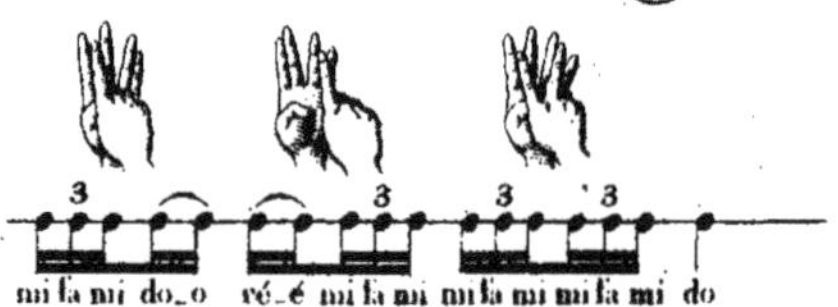

148. Ainsi, provisoirement, pour lire les exercices suivants, les élèves au lieu de continuer à prononcer les notes de la gamme ascendante, diront *mi, fa, mi, do,* toutes les fois qu'ils rencontreront un triolet double croche.

Lorsqu'ils auront deux ou plusieurs triolets à lire successivement ils répèteront *mi, fa, mi,* autant de fois qu'il y a de triolets. Exemple:

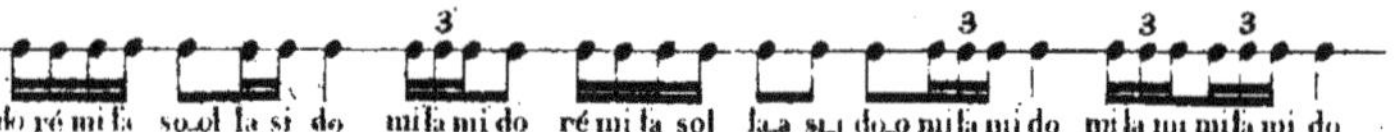

149. Lorsque les élèves se seront bien familiarisés avec les triolets, tant par la répétition de l'exercice suivant, que par la lecture sur la main du maitre, ils devront reprendre les mêmes exercices, en appelant les notes de la gamme ascendante, selon notre manière habituelle.

Le chiffre 3 indique un triolet et le chiffre 6 un double triolet.

MESURES COMPOSÉES.

**150. Etude rhythmique des cinq pour quatre et sept pour quatre appe-
lés quintolets et septolets.** — Pour bien comprendre et parvenir à lire facilement la première ligne des accolades de l'exercice suivant qui présente successivement
une, deux, trois, jusqu'à douze notes égales dans un seul temps, il faut d'abord procéder comme il est indiqué dans la deuxième ligne; puis chercher à égaliser toutes
les notes de chaque temps en pressant un peu les notes les plus longues et en ralen-
tissant les plus brèves.

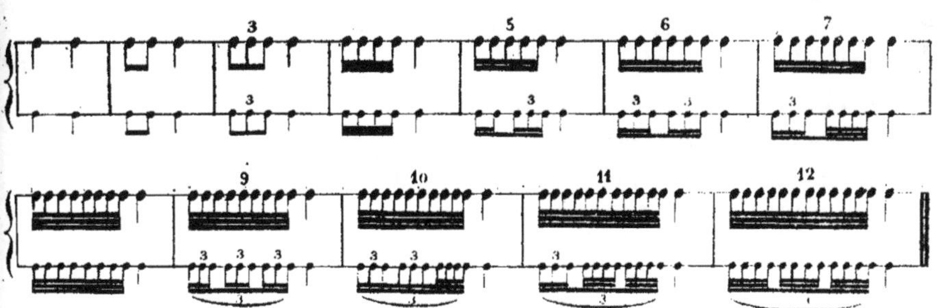

151. Ainsi qu'on le voit par ces exemples, les divisions les plus insolites du temps
peuvent être ramenées à la théorie des triolets. C'est ce qui nous autoriserait presque
à dire que les quintolets, sixtolets, septolets etc. n'existent pas.

Défaut capital de la notation usuelle. Selon nous, le défaut capital de notation usuelle, pour la musique chorale surtout, est de ne pas montrer *positivement* aux yeux les *modulations dans lesquelles passe le morceau d'ensemble qu'o exécute :* l'élève désireux d'étudier à l'avance la partie séparée d'un chœur qu'il n' jamais entendu, se trompe à chaque instant sur la tonalité de tel ou tel passage faut de signes *tonographiques* indiquant clairement les modulations. Or, il arrive sou vent qu'un passage ne parait difficile que parcequ'on s'est trompé sur sa tonalité.

Principales indications qui peuvent aider un élève non harmonist à reconnaître les modulations dans la notation usuelle. Lorsqu'un sign accidentel d'altération n'est que *facultatif* c'est-à-dire *susceptible d'être supprim à volonté sans qu'il en résulte une intonation intolérable,* il n'indique qu'une m dification passagère : c'est une altération chromatique : *il n'y a pas de changemen de ton.*

Lorsqu'un signe accidentel d'altération affecte *par abaissement* les sons : ⌢ et (ces notes deviennent les opposées : ⌣ et). Lorsque au contraire il affecte *par é lévation* les sons : ⌣ et), ces notes deviennent les opposées : ⌢ et (. Dans ce deux circonstances il y a simplement *changement de mode* mais pas encore chan gement de ton.

Mais lorsque l'altération affecte toute autre note qu'une modale [⌢ (⌣)] e *ne saurait être supprimée sans qu'il en résulte une intonation intolérable,* alor ce signe indique certainement un *changement de ton.* Dans ce cas l'altération as cendante indique ordinairement la note ╱ (sensible) et l'altération descendante la not ╲ (sous-dominante).

Exception. — En mineur le signe d'altération qui affecte la note ╱ (sensible) du ton principal est constitutif : *il ne fait pas moduler.*

Lorsqu'une *quarte juste* harmonique, par exemple : [notation musicale] ou mélodique ascendante ou descendante : [notation musicale] se rencontre dans les premières notes d'une phrase quelconque : initiale ou autre, on peut, dans le plus grand nombre de cas, considérer la note *aigue :* [notation musicale] comme *tonique :* ●.

La *quinte juste* harmonique, par exemple : [notation musicale] ou mélodique : [notation musicale] présente aussi la *tonique :* ●, mais alors dans sa note *grave :* [notation musicale].

Choix d'exercices

EN NOTATION ORDINAIRE.

72.
73.
Allegretto
Pari
Besozzi.

NOTATION ORDINAIRE.
74.
Johannès Wéber.
75.
Simiot.

76.

Simiot.

Moderato sostenuto.

77.

mf

Besozzi.

78.
Andantino.
p
79.
Berbiguier.

80.
81.
Demersma

Demersmar.
SICILIANA.
Lento.
82.
Besozzi

83.

84.

Simiot.

85.

FUGHETTA.
86.
STRETTA.

87.

NOTATION ORDINAIRE

NOTATION ORDINAIRE.

88.

NOTATION ORDINAIRE.

NOTATION ORDINAIRE.

STRETTA.

89.

STRETTA.
Più vivo.
STRETTA.

LE GONDOLIER.

Poésie de M. Van Hasselt.

Moderato.

90.

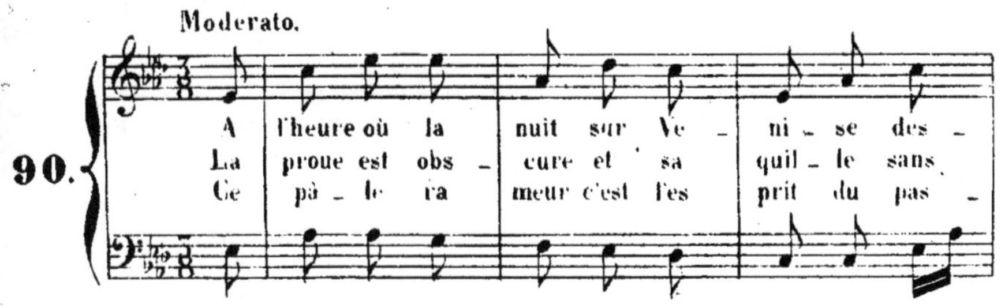

TABLE DES MATIÈRES.

SOUS PRESSE

APPENDICE
(aperçu de son contenu.)

Nouvelle manière de faire répéter les formules.— Comment peut-on reconnaître le ton et le mode d'un air dont on vient d'entendre solfier quelques sons?— Nouveaux exercices sur les modulations.— Transposition au moyen des formules.— Différentes manières d'interroger sur les formules.— Manière d'indiquer par les formules tracées par l'air les modulations et altérations passagères.— Préparation à l'improvisation rhythmée.— Moyen méthodique pour écrire les modulations sous la dictée d'un instrument ou d'une voix qui vocalise ou chante des paroles.— Un air étant exécuté devant les élèves, comment doivent-ils procéder pour savoir si la mesure en est simple ou composée et à combien de temps il faut la battre?— Théorie nouvelle pour l'étude de toutes les clés.— Procédés pour faciliter l'étude du rhythme aux élèves pianistes.— Exposé d'une nouvelle nomenclature musicale.